UN LIBÉRATEUR DU PAYS

DU GUESCLIN

Série 6bis

1893

Du Guesclin.

D'après *les Monuments de la Monàrchie Française*
de Montfaucon.

UN LIBÉRATEUR
DU PAYS

DU GUESCLIN

PAR

ANDRÉ GOMBERT

ILLUSTRÉ DE 23 GRAVURES.

Société de Saint-Augustin,

DESCLÉE, DE BROUWER ET CIE.

IMPRIMEURS DES FACULTÉS CATHOLIQUES DE LILLE.

1897

INTRODUCTION.

ARMI les grands capitaines dont s'enorgueillit la France, Bertrand du Guesclin est un des plus célèbres. Ce n'est point un génie guerrier comme nos Turenne, nos Condé, nos Luxembourg. Il ne faut pas attendre de lui ces campagnes, ces retraites, ces marches qui sont d'un grand général et d'un tacticien. L'homme est ce que le fait son temps, et l'on n'exigera pas d'un chevalier du moyen-âge une science accomplie des batailles, science qui, comme d'autres moins meurtrières, a ses révolutions et ses progrès. Sans chercher à savoir si l'art de la guerre, porté à un très haut point par Rome conquérante, s'est trouvé en décadence au temps de la chevalerie, on peut affirmer qu'à une époque où tout gentilhomme était soldat, où la valeur personnelle était tout, où même la valeur aveugle et stupidement téméraire était applaudie, les seules qualités qu'on pût attendre d'un héros étaient l'honneur, la bravoure, la générosité, qualités qui faisaient la grandeur de la chevalerie, et rendaient ses traditions respectables et saintes.

Du Guesclin a été le plus brave parmi les braves, généreux jusqu'à tout sacrifier pour l'être, donnant quand il avait, empruntant des autres quand il n'avait pas, et pour donner encore ; enfin il a été regardé par ses compagnons comme le type parfait et le modèle de l'honneur. Sans doute, ce n'est point un personnage de roman dans le sens musqué du mot ; il est rude, bourru, de petite mine. Quand on vient le chercher de la part des princes, on le trouve vêtu d'un jaque noire, ayant une hache pendue au cou ; « il semble bien brigand en cet état. » Il n'a pas non plus poussé l'humanité jusqu'à ses dernières limites ; au moins n'a-t-il pas mérité le surnom de « boucher » comme Clisson, le Breton son compère. D'ailleurs, dans ces guerres cruelles de Bretagne et d'Espagne où là deux cousins et ici deux frères se battaient pour s'arracher la couronne et la vie, dans ces luttes de tous les jours contre les Anglais qui ravageaient nos contrées, la clémence est une vertu qui n'eût pas été de saison. On frémit quand on songe aux cruautés qui se commettaient, de part et d'autre, de sang-froid : Clisson qui tue de sa main dix-huit Anglais prisonniers, l'un après l'autre, se faisant lui-même bourreau par haine et par vengeance ; le Prince Noir qui met Limoges à feu et à sang ; et ici toute une garnison mise à mort, et plus loin Holegrave qui fait couper les poings et crever les yeux à ceux de la Rochelle qui lui tombaient entre les mains, pour punir cette ville de s'être « tournée française ». Si du Guesclin, naturellement bon, n'a pas épargné, c'est que les lois de la guerre étaient alors terribles et que le culte de la force étouffait brutalement toute pitié.

Du Guesclin ne fut d'abord qu'un chef de partisans ré-solu et audacieux. Toujours prêt à l'attaque et prompt à la riposte ; ici, sur la queue des Anglais quand on le croyait à vingt lieues ; tenace et têtu comme un Breton qu'il était, toujours disposé à jeter le gant ou à le relever ; jouant si bien de la lance, que les autres, dit la chronique, « s'arrêtaient de combatttre pour le regarder » ; ayant avec cela continuellement quelque ruse en idée et la mettant aussitôt à exécution, le plus souvent avec succès : il est devenu peu à peu, par son entente de la guerre, par sa prudence autant que par son courage, la plus grande force dont pût s'armer son pays, le seul homme

qui fût redoutable aux Anglais orgueilleux de Crécy et de
Poitiers, le seul qui réussît à les chasser et à les acculer à leurs
frontières. Comprenant admirablement qu'avec des troupes qui
s'élançaient impétueusement à l'attaque, sans ordre ni discipline,
des troupes qui poussaient le mépris de l'obéissance presque
aussi loin que le mépris de la mort, et qui, victimes de leur
folle bravoure, se battaient elles-mêmes avant d'en venir aux
mains, il ne fallait point essayer de livrer des batailles rangées,
du Guesclin entama une série de petits combats, d'embuscades,
d'assauts précipités, qui furent ruineux pour les Anglais. Les
harcelant sans cesse, il arriva à les anéantir par des escarmouches répétées, relevant ainsi nos armes compromises ; et
Charles V ne pouvait faire mieux que de confier à la garde de
ce chevalier loyal, et presque toujours victorieux, l'épée de
connétable, cette épée glorieuse de la France.

Les belles actions de du Guesclin, cette ardeur sans pareille
qu'il avait au combat, la réputation qu'il avait acquise moins
encore qu'il ne l'avait méritée, avaient de quoi tenter les
historiens. Nous n'entreprendrons pas une critique de chaque
ouvrage écrit à la gloire du connétable ; nous n'essayerons
même pas d'en donner une nomenclature, qui trouverait mieux
sa place dans une édition savante que dans un ouvrage de
vulgarisation. Le monument le plus authentique, le plus tradi-
tionnel que nous ayons sur Bertrand, est sans contredit le
poème de Cuvelier. Il a été publié dans le recueil des documents historiques par E. Charrière, qui a donné en notes les
principales versions qu'offraient les différents manuscrits. Bien
que fastidieux à la lecture, ce poème est d'un intérêt incontes-
table, et si mêlé de fables qu'il soit, il n'en a pas moins beaucoup d'autorité. Ce poème a été la source première à laquelle
ont puisé tous les auteurs qui ont écrit sur du Guesclin. Traduit

en prose alors que les vers étaient passés de mode, on l'a relu encore sous cette forme nouvelle, qui l'a gâté plutôt que rajeuni. Plusieurs auteurs ont ainsi traduit ou plutôt dépoétisé ce poème : c'est ce qui explique la variété d'ouvrages parmi lesquels on est bien embarrassé de faire un choix. La plus connue de ces traductions est celle que Menard a donnée chez Sébastien Cramoisy en 1618. Elle est intitulée : *Histoire de Bertrand de Guesclin, connétable de France, duc de Molinas, comte de Longueville et de Burgos, contenant les guerres, batailles et conquêtes faites sur les Anglais, Espagnols et autres, durant les règnes des rois Jean et Charles V. Ecrite en prose l'an MCCCLXXXVII, à la requête de messire Jean d'Estouteville, capitaine de Vernon-sur-Seine, et nouvellement mise en lumière par Mᶜ Claude Menard, conseiller du Roy et lieutenant en la Prévosté d'Angers.*

Dans l'espèce d'introduction dont Menard fait précéder le livre qu'il offre au public, il s'exprime ainsi : « Il y a deux ans, rencontrant par hasard cette pièce manuscrite qui faisait le rebut d'un colporteur, je la jugeai mériter quelque coin de notre histoire. Depuis, faisant l'an passé quelque séjour dans Paris, MM. de Sainte-Marthe, advocats au Parlement, m'en offrirent une autre plus ample et de meilleure trempe. En feuilletant quelques manuscrits dans l'hôtel de Mercœur, j'en trouvai un autre, non si bon... etc. » L'ouvrage est divisé en chapitres, et finit ainsi : « Et à tous ceux qui ce livre liront et ouïront, et espécialement à celui qui l'a fait ordonner, donne DIEU bonne vie et Paradis à la fin. Amen. » Puis, à la dernière page, se trouvent ces vers :

> En un temps qui a Yver nom,
> Du chastel roial de Vernon

> Qui yst aux champs et à la ville,
> Fist Jehannet d'Estouteville,
> Dudit chastel lors capitaine,
> Aussi de Vernonnet sur Sayne,
> Et du Roy escuyer de corps,
> Mettre en prose, bien m'en recors,
> Ce livre cy extrait de ryme,
> Complet en Mars dix neufyme ;
> Qui de l'an la date ne scet
> Mil trois cens quatre-vingts et sept.

Le poème de Cuvelier ne porte point de date ; quelques vers cependant sont une indication plus que suffisante de l'époque où il a été composé. Cuvelier parle de la mort de Bertrand et de celle de Charles V, qui eut lieu peu de mois après, et dit :

> Depuis fut Oliviers connétable eslis,
> Cestuy qui de Clisson maintint les édifis ;
> Que ce soit à l'onneur de France le païs !

Olivier de Clisson ne perdit la dignité de connétable qu'en 1393. Le poème est donc antérieur à cette époque. De plus, et de l'aveu de l'auteur dont Menard n'est que l'éditeur, cette chronique en prose, datée de 1387, n'est qu'une traduction d'une chronique « en ryme ». Ceci placerait la date du poème de Cuvelier très peu après la mort de Bertrand, c'est-à-dire très peu après 1380.

Un autre ouvrage en prose, tout à fait différent de celui de Menard, a été publié, toujours d'après d'anciennes chroniques, à Douay, en 1792, chez la veuve de Balthazar Bellere. Il est intitulé : « *Anciens mémoires du XIV^c siècle, depuis peu découverts, où l'on apprendra les aventures les plus surprenantes et les circonstances les plus curieuses de la vie du fameux Bertrand du Guesclin, connétable de France, qui, par sa valeur, à rétabli dans ses États un prince catholique ; et nouvellement traduits par le sieur Lefèvre, prévôt et théologal d'Arras.* » Cent ans auparavant, la même chronique avait été éditée à Paris par Langlois, mais avec certaines altérations et un changement dans le titre. C'est cette chronique de Lefèvre que M. Petitot a insérée dans sa collection de mémoires relatifs à l'histoire de France.

Enfin, il existe une autre chronique de Bertrand du Guesclin, probablement originale, si l'on en juge par la naïveté du récit, évidemment contemporaine du poème de Cuvelier, et publiée bien antérieurement aux traductions dont nous avons parlé. Les bibliothèques possèdent de nombreux manuscrits de cette chronique, qui, sans être plus exacte que les autres, est moins diffuse et aussi moins longue.

Cette chronique a été imprimée in-folio, en lettres gothiques, dans le premier siècle de l'imprimerie. Les exemplaires en étant extrêmement rares, on nous saura peut-être gré de donner quelques détails sur cette intéressante édition. Elle est ornée de très curieuses gravures sur bois, dont quelques-unes sont plusieurs fois reproduites, imprimée sur papier fort à deux colonnes, sans titre, et en caractères ressemblant à ceux qu'employaient les imprimeurs de Lyon dans les dix dernières années du XVe siècle. La première feuille présente au verso un chevalier en armes, visière levée, appuyé d'une main sur une hache et de l'autre sur un écu, avec ces mots : Bertrand du Guesclin. Les armes figurées sur l'écu, un lion dressant, et au chef de trois fleurs de lis, ne sont pas celles du connétable.

La Bibliothèque Nationale en possède un exemplaire ainsi que le British Museum.

Nous avons emprunté à ces chroniques de nombreux récits, spécialement des récits de batailles. Rien n'en égale le pittoresque et la couleur. Quoique le style en soit parfois un peu lâche, ils soutiennent facilement la comparaison avec les récits de Froissart, l'admirable peintre, qui nous ont aussi fourni mainte description.

Néanmoins, il faut l'avouer, ces chroniques tiennent autant parfois de la poésie que de l'histoire, et l'on ne peut leur demander d'ordinaire qu'une vérité approximative.

Tout autre est le travail publié, il y a quelques années, par Siméon Luce sous le titre : *Histoire de Bertrand du Guesclin et de son époque.* Voilà un livre de premier ordre, composé sur pièces originales avec la patience, la sûreté d'information et la sagacité de critique qui distinguaient l'éminent historien enlevé récemment à la science.

Pourquoi faut-il qu'il ait laissé son œuvre inachevée, et que nous ne possédions que le premier volume d'un travail qui apporte à l'histoire de France une si précieuse contribution ?

Tel qu'il est, ce volume nous a servi de guide pendant toute la première partie de notre récit, éclairant, complétant, parfois rectifiant les chroniques, dégageant de l'obscurité mille faits à peine connus, et dessinant d'un trait de plus en plus ferme la physionomie du héros breton.

Pour la seconde partie, nous avons dû nous contenter de suivre les chroniqueurs, en les contrôlant par des récits de l'histoire générale et des diverses *Histoires de Bretagne.*

Ce petit livre n'a d'autre prétention que de populariser la mâle figure d'un libérateur du pays, d'un précurseur de Jeanne d'Arc. Deux poètes éminents, qui sont en même temps deux grands patriotes, Déroulède et Coppée, ont décerné récemment à du Guesclin une apothéose à laquelle s'est associé tout ce que la France compte d'esprits cultivés. Aux humbles, aux travailleurs, à tous ceux qui ne saisissent qu'avec effort le langage solennel de la poésie, nous offrons ce modeste travail, destiné à leur faire connaître un grand citoyen et un loyal soldat.

CHAPITRE PREMIER.
L'enfance et la jeunesse de Sire Bertrand.

ERTRAND DU GUESCLIN naquit, vers 1320, à la Motte-Broons, petit village situé à quelques lieues de Rennes. Il était fils de Robert du Guesclin, chevalier, et de Jeanne Malemains, de la famille normande des seigneurs de Sacey et de Saint-Hilaire-du-Harcouët.

Robert du Guesclin appartenait à la branche cadette d'une très vieille famille, que des généalogistes peu scrupuleux font descendre d'un roi maure nommé *Aquin.* Selon eux, cet étranger se serait établi, vers l'an 775, en Armorique, où il aurait bâti un château nommé *Glay,* et de ces deux mots *Glay* et *Aquin* on aurait formé les noms de *Gléaquin, Gléasquin, Guesclin.* Ils ajoutent que ce roi d'Afrique ayant été défait par Charlemagne (qui n'alla jamais en Bretagne), s'embarqua si précipitamment avec sa femme et les siens, qu'il laissa sur le rivage un enfant d'environ un an ; que Charlemagne fit baptiser cet enfant, lui donna le nom de *Glay-Aquin,* et que telle est l'origine de la famille du Guesclin.

D'autres veulent que cette maison soit une branche détachée de celle de Dinan, qui vint fondre son illustration et ses richesses dans les maisons d'Avaugour et de Laval. De ces deux origines, l'une paraît fabuleuse sans être impossible ; l'autre s'appuie sur des titres qui étaient conservés anciennement dans les archives de l'évêché de Dol. Quoi qu'il en soit, la famille du Guesclin était par son ancienneté et par ses alliances avec les Rohan, les Craon, etc., une des premières maisons de Bretagne.

Mais ancienneté n'est pas richesse. Robert du Guesclin, père de notre héros, avait pour tout patrimoine le modeste fief de la Motte-Broons. « Qu'on se figure, dit M. Siméon Luce, un de ces manoirs moitié gentilhommières, moitié fermes, comme on en trouve encore aujourd'hui au fond des campagnes, qui ne se distinguent des habitations des riches paysans que par deux ou trois tourelles et un colombier, avec quelques chambres où le jour pénètre à peine par des croisées de pierre sans vitrage, fermant avec de simples volets, et dont tout le mobilier consiste en grands lits à ciel et rideaux d'étoffe grossière, en coffres, bahuts et escabeaux de bois ; au rez-de-chaussée, une vaste salle à manger que signale une longue table de chêne bordée de bancs rustiques, où le maître de la maison, la dame et leurs enfants se tiennent le plus souvent au milieu du va-et-vient des serviteurs, fermiers et métayers : tel est l'aspect que devait offrir cette Motte de Broons où Bertrand du Guesclin vit le jour (1). »

Les premières années du futur Connétable furent loin de présager ce qu'il devait être un jour. D'une laideur presque repoussante, le visage brun, le nez camus, les yeux gris, avec de larges épaules, de longs bras et de petites mains, il joignait à ces désavantages physiques des manières brusques jusqu'à la brutalité, un caractère impétueux et intraitable. Aussi, bien

---

1. *Histoire de Bertrand du Guesclin et de son époque*, t. I, p. 6.

qu'il fût l'aîné de dix enfants, quatre garçons et six filles, ses parents l'avaient-ils pris en aversion : « Il n'y a pas de plus mauvais garçon au monde, disait sa mère. Il est toujours blessé, toujours battant ou battu. » De fait, les menaces et les châtiments l'avait rendu véritablement farouche. On voulait le dompter en l'humiliant, mais il entrait en fureur, s'armait d'un bâton et frappait tous ceux qui osaient l'insulter. Avec un caractère de cette trempe, la douceur prudente et ferme eût mieux réussi que la sévérité ; en voici la preuve :

« Or, il advint, dit une ancienne chronique, que, à une fête de l'Ascension, à La Motte de Bron vint une converse qui était de grand'science. Cette converse logeait souvent en l'hôtel du Sire de Bron, qui débonnairement la recevait, et à ce jour il la fit asseoir à sa table. Et la converse regarda qu'à la seconde table étaient assis trois enfants et tout au dernier bout était assis Bertrand, qui était l'aîné; mais le chevalier en tenait peu de compte, et moins que des autres. Elle considéra et avisa la manière de Bertrand ; et au lever de la table, elle prit l'enfant, qui était en l'âge de six ans. Et après qu'elle lui eut regardé les mains et vu sa physionomie, elle demanda au chevalier et à la dame pourquoi on le tenait si vilainement. La dame répondit :

« Belle amie, en vérité, cet enfant est si rude, malicieux
» et divers en courage (1), que jamais son pareil ne fut vu,
» car jamais homme, de si haut lignage qu'il soit, ne lui fera ou
» dira quelque chose à son déplaisir, qu'aussitôt il ne soit
» frappé par lui. Et nous en sommes, Monseigneur et moi,
» souvent dolents à cause des griefs qu'il fait aux enfants du

---

1. De caractère changeant. *Courage* est souvent pris dans le sens de cœur ou d'esprit.

» pays ; car jamais il ne cessera de les faire assembler pour les
» faire combattre, et lui-même combat avec eux ; ce dont
» Monseigneur et moi désirons souvent sa mort ou qu'il ne fût
» jamais né. »

   » A cette parole répondit la converse :

   « Madame, je vous affirme que sur cet enfant je vois un tel
» signe, que par lui seulement le royaume de France sera
» relevé ; et en son temps nul ne sera qui puisse lui être
» comparé en chevalerie. »

Selon un autre récit, c'est une Juive au lieu de la religieuse
qui fait la prédiction, ce qui s'accorde mieux avec le rôle qu'on
fait jouer à cette devineresse.

   « Ayant fait asseoir la Juive à la table, le petit garçon
Bertrand, touché de tout ce qu'elle avait dit en sa faveur,
s'occupa d'elle de son mieux, lui donna un paon que le maître
d'hôtel venait de servir, et voulut lui-même lui verser à boire,
remplissant le verre avec tant d'empressement et de si bon
cœur, que le vin, surnageant les bords, se répandit un peu sur
la nappe, l'enfant lui disant qu'il en usait ainsi pour lui donner
quelque satisfaction sur le peu d'honnêteté qu'il avait eu
d'abord avec elle. Cette petite générosité surprit agréablement
la mère. De là commença la dame à se réjouir, et de là en
avant le tint plus cher (1). »

Cependant Bertrand atteignait sa neuvième année. C'est
l'âge où les enfants vont à l'école. Il est maintenant hors de
doute que les petites écoles existaient en assez grand nombre,
même dans les campagnes, au XIVe siècle, et il est infiniment
probable que Bertrand fréquenta une de celles qui avoisinaient
le manoir paternel. Mais le profit qu'il en retira dut être
médiocre. Il apprit, il est vrai, les éléments de l'écriture, puis-

---

1. *Chroniques de Bertrand du Guesclin.*

qu'on trouve sa signature autographe sur quatre ou cinq quittances; mais il semble en avoir tracé les caractères avec quelque peine, à l'exemple de Charlemagne, qui, selon la chronique, fut toujours moins habile à manier la plume que l'épée.

Son amusement favori était de rassembler les enfants des environs de la Motte-Broons au nombre de quarante ou cinquante, de les diviser en deux bandes comme on fait à la guerre, et de les faire se battre les uns contre les autres. Il avait l'art de prolonger le combat lors même que ses petits compagnons en étaient fatigués, et les renvoyait estropiés, couverts de poussière ou de boue, et les vêtements en lambeaux. Lui-même rentrait au logis le visage tout en sang, et « ses robes rompues. »

De telles mœurs provoquaient de nouveau les reproches maternels :

« Malotru! disait à son fils Jeanne Malemains, il vous sou-
» vient mauvaisement du haut honneur auquel la converse
» vous a dit que vous deviez venir ; mais certes elle vous
» avisa mal, car en vérité je ne le pourrais croire. »

Entre temps, elle le blâme de l'inclination qui le porte à se commettre avec de petits paysans, des « gueux et des coquins », sans se soucier de la noblesse de son extraction et des prédictions de la Juive. En cela, la noble dame obéit à ses tendances aristocratiques plutôt qu'elle ne se conforme aux mœurs du temps. Un des caractères les plus frappants du moyen-âge, c'était, en effet, la familiarité, on pourrait dire la camaraderie des relations qui s'établissaient d'ordinaire, dans les campagnes surtout, entre la noblesse et le peuple.

Malgré ses instincts chevaleresques, Bertrand aimait le peuple ; c'est avec des troupes de vilains qu'il devait remporter ses premières victoires ; et toujours il eût pour les pauvres gens des campagnes, victimes des guerres incessantes d'alors, une prédilection mêlée de pitié. Aussi oublia-t-il, un peu trop facilement sans doute, les réprimandes maternelles.

« De cela Bertrand ne tint compte, mais il fit faire quintaines (1) et joutes d'enfants et manières de tournois, selon le sentiment qu'il en pouvait avoir par ce qu'il en avait entendu raconter ; car alors faisait-on joutes et tournois parmi le royaume de France.

» Ainsi se maintint Bertrand, jusques à ce que les gens du pays firent plainte au sire de Bron de son fils qui guerroyait leurs enfants en telle manière. Alors le sire du Guesclin et de Bron fit crier que personne ne laissât aller ses enfants avec Bertrand. Quand Bertrand vit et s'aperçut que nul enfant ne le voulait plus suivre, il s'en prenait à eux et les faisait combattre avec lui outre leur gré.

» Alors les pères des enfants retournèrent vers le sire de Bron faire leur plainte de son fils, lequel il fit emprisonner. Il advint qu'un soir une chambrière portait à manger à Bertrand ; et comme elle ouvrit l'huis de la prison, Bertrand en sortit et lui ôta les clefs et l'enferma dedans ; puis il s'en alla de nuit en l'une des maisons de son père, et là prit une jument et chevaucha vers Rennes, où était une sœur de son père mariée à un chevalier de grand honneur. »

Bertrand avait dix-sept ans lors de cette escapade. De taille moyenne, ramassé, trapu, tout en lui respirait, à défaut de grâce et de beauté, la vigueur la plus concentrée. Il avait, depuis longtemps, pris conscience de sa force. « Je suis fort

---

1. Exercice qui consistait à frapper d'une lance une figure d'homme armé, qui, lorsqu'on ne l'atteignait pas au bon endroit, tournait sur elle-même et déchargeait un coup de bâton dans la figure du maladroit.

laid, disait-il ; jamais ne serai bien venu des dames ; mais saurai me faire craindre des ennemis de mon roi. »

De fait, sa fâcheuse tournure, son accoutrement bizarre, lui attiraient tout d'abord l'aversion. Sa tante, le voyant arriver sur un cheval sans selle ni bride, les vêtements en désordre, commença par le recevoir fort mal ; mais son oncle, frappé de son air résolu, prit sa défense.

Tout alla bien pendant quelques mois ; mais un jour on vit un héraut parcourir la ville, annonçant qu'une lutte solennelle aurait lieu sur la grande place le dimanche suivant.

« Le dimanche arrive. La tante de Bertrand, qui connaît la passion de son neveu pour la lutte, le prie de l'accompagner à l'église. Le jeune homme maugrée intérieurement à cette proposition ; mais le moyen de refuser cela à une tante qui vous donne le gîte et le couvert ? Il faut bien s'exécuter. Seulement, à l'endroit pathétique du sermon, alors que sa tante est absorbée par l'éloquence du prédicateur, Bertrand s'esquive et court à la place où se tiennent les luttes.

« Voilà celui qui terrassera tous les autres ! » s'écrient les compagnons, aussitôt qu'ils l'ont aperçu.

« Seigneurs, dit le jeune du Guesclin, je ne prendrai part à la lutte que si vous me promettez de n'en rien dire à ma tante. »

Les compagnons lui en font le serment, et Bertrand, qui grille d'envie d'essayer ses forces, s'avance résolument dans l'arène...

» Le sort a voulu qu'il ait à se mesurer contre un adversaire digne de lui. C'est un paysan breton, véritable athlète passé maître dans ces luttes. Ce robuste gaillard vient de jeter par terre une douzaine de champions. Fier de ce succès, il toise orgueilleusement l'assistance et semble défier quiconque oserait lui disputer la victoire, dont le prix est « un beau chapeau d'or et d'argent ouvrés. »

». Bertrand va droit au triomphateur et le provoque. Ils se prennent corps à corps et luttent quelques instants avec des chances égales. Bertrand appelle la ruse à son secours. Il « joue d'un jeu si subtil » qu'il finit par faire perdre terre à son adversaire et le renverse sur le dos ; mais celui-ci ne lâche pas prise et l'entraîne avec lui dans sa chute. En tombant sur son champion, le jeune du Guesclin se heurte contre un caillou pointu, et l'on est obligé de le relever en le proclamant vainqueur. Bertrand se fait panser par un barbier et porter chez sa tante, qui lui pardonne cette aventure, à condition qu'il renoncera à ces amusements de vilain et n'essayera désormais ses forces que dans les joutes et tournois (1). »

Après un an de séjour à Rennes, le jeune du Guesclin obtint de revenir à la Motte-Broons : la recommandation de son oncle, et aussi la générosité dont il usait volontiers envers les pauvres, lui avaient obtenu le pardon paternel.

C'est à cette époque de sa jeunesse que se place le fameux épisode du tournoi de Rennes.

En 1338, le mariage de Jeanne, héritière de Bretagne, comtesse de Penthièvre, avec Charles de Châtillon, comte de Blois, fut célébré par un tournoi que les gentilshommes bretons donnèrent à Rennes en l'honneur des dames. Les chevaliers de France et d'Angleterre y furent invités. Robert du Guesclin, père de notre héros, s'y rendit, laissant son fils au manoir. Il avait emmené tous ses chevaux ; mais l'ardeur guerrière de Bertrand ne devait pas se déconcerter à si bon compte. Il se procure une haridelle, arrive dans le plus grotesque équipage, se place dans la foule des spectateurs, et lorsque le son des

---

1. Siméon Luce, ouvrage cité, p. 18.

trompettes et des clairons annonce l'arrivée des chevaliers, il sent battre vivement un cœur avide de gloire et regarde d'un œil d'envie les joutes qui vont commencer.

Le tournoi suit son cours, sous le regard navré de Bertrand, toujours cloué à sa place par la pauvreté de son équipage. Enfin il aperçoit un jeune gentilhomme, son cousin, qui, ayant fourni les courses d'ordonnance, sort de la lice et se retire. Il le suit en dehors de l'arène, se jette à ses pieds, se nomme et le conjure de lui prêter ses armes et son coursier.

Le chevalier l'arme lui-même. Bertrand accourt sur la place du tournoi, se fait ouvrir la barrière et demande à combattre. Dès le premier coup de lance, il enlève la visière d'un des tenants, le renverse, et le choc est si rude que le chevalier reste évanoui. Robert du Guesclin, qui ne devine pas son fils dans cet inconnu à la visière baissée, veut venger la défaite de ce premier champion. Il se présente ; Bertrand reconnaît son père à son écu et à sa cotte d'armes ; il arrête son palefroi, baisse respectueusement sa lance, court sur un autre chevalier, qu'il renverse, et, toujours inconnu, fournit douze courses avec le même succès. Enfin sa visière est enlevée dans un dernier combat ; on applaudit, on admire, et le seigneur du Guesclin porte son fils comme en triomphe jusqu'au bout de la lice. Il reçoit le prix destiné au vainqueur, et s'empresse de l'offrir à son parent, qui lui a prêté son cheval et son armure.

Après ce fait d'armes, dont la gloire donnait à son nom un nouvel éclat, Robert du Guesclin avait dit à son fils : « Beau fils, soyez sûr que je ne vous traiterai plus vilainement comme je l'ai fait jusqu'à ce jour. Désormais je vous donnerai chevaux de prix, or et argent à volonté. J'engagerai au besoin ma terre pour vous mettre en état d'aller partout acquérir de la gloire, puisque aujourd'hui vous m'avez tant fait honneur. »

Il tint parole, et Bertrand, toujours pauvre, mais équipé du moins en fils de chevalier, se trouva prêt à jouer un rôle dans la guerre de succession qui allait déchirer la Bretagne pendant vingt ans.

CHAPITRE DEUXIÈME.

Du Guesclin, chef de partisans.

OUS sommes en l'année 1335. Le roi d'Angleterre, Edouard III, se dispose à disputer à Philippe de Valois la couronne de France, en la revendiquant du chef de sa mère. La guerre de la succession de Bretagne se présente juste à point pour servir de prétexte aux collisions des deux couronnes. Le jeune du Guesclin devant être mêlé aux principaux événements de cette guerre, nous croyons devoir en rapporter avec quelques détails les causes et les diverses péripéties.

Jusqu'au XIVe siècle, la souveraineté du duché de Bretagne s'était transmise de père en fils, en suivant le droit d'aînesse, le fils excluant la sœur, même plus âgée, en même temps qu'à défaut d'héritier mâle, la fille du prince recueillait l'héritage paternel. Or, voici quel était, en 1335, l'état des prétendants à la couronne ducale de Bretagne. Il y avait à la cour de France un prince de la maison de Châtillon, neveu du roi de France ; c'était Charles de Blois. Il avait été choisi par le duc Jean III de Bretagne pour être le mari de sa nièce Jeanne la Boiteuse, héritière de son duché. A peine eut-il marié sa nièce que Jean III mourut, sans avoir eu le temps de désigner Charles de Blois comme héritier de sa couronne ducale. Celui-ci se trouva dès lors en compétition avec Jean de Montfort, frère consanguin de Jean III, que celui-ci avait songé à déshériter, sans pouvoir toutefois réaliser son dessein.

Des deux côtés les chances étaient égales ; les deux concur-

rents au trône de Bretagne pouvaient croire, de bonne foi, avoir
des droits égaux. Si l'un descendait en droite ligne de Louis le
Gros, l'autre, par sa mère, Marguerite de Valois, la sœur du roi
régnant, appartenait à une famille qui s'était alliée plus d'une
fois à la maison royale de France.

Entre les deux rivaux, Philippe VI devait exercer son
autorité de suzerain. A ces causes, le roi de France avait
convoqué une cour composée des pairs et des grands du
royaume. Montfort y parut, escorté de quatre cents gentilshommes. Jamais couronne, avant d'être débattue par les
armes, ne fut disputée d'une façon plus légale ; la loi naturelle
et la loi divine, le droit romain et le droit féodal, les cou-
tumes et les canons, furent invoqués tour à tour par les deux
prétendants. Montfort tirait son droit du droit public de la
monarchie ; la loi salique, invoquée récemment par Philippe
le Long lui-même, Montfort l'invoquait en sa faveur, soute-
nant que si la Bretagne était un fief du roi de France, c'est-
à-dire une portion du domaine de la couronne, le droit public
de la Bretagne devait rester sous l'empire de la constitution
française. D'ailleurs n'était-il pas le frère du dernier duc et,
par conséquent, plus proche parent de ce prince que la fille
d'un autre frère, et surtout que le mari de cette même fille,
inhabile à recueillir personnellement un fief qui, de sa nature,
ne pouvait pas être possédé par une femme ?

A ces raisons, Charles de Blois répliquait que sa femme,
Jeanne de Penthièvre, devait recueillir tous les droits de son
père ; elle était, disait-il, le seul rejeton de la branche aînée ;
les femmes pouvaient posséder des fiefs en Bretagne ; elles
n'étaient même pas exclues de la pairie française ; témoin la
comtesse d'Artois, à qui la pairie avait été adjugée de préfé-
rence à son neveu. Pour l'un et l'autre prétendant, on le voit,

les motifs ne manquaient pas ; mais il s'agissait bien moins de reconnaître des droits que de défendre des intérêts.

Jean de Montfort eut bien vite compris que, dans ces débats, il n'avait rien à attendre du roi de France. Pour ne pas s'exposer à se voir retenir, malgré lui, par la volonté de son suzerain, il renonça à ce protectorat dans lequel sa cause lui sembla jugée à l'avance. Alors, chose étrange, on vit un roi de France, héritier du trône par exclusion de la ligne féminine, prendre en main la cause d'un prince qui tenait tous ses droits de sa femme, tandis que le roi d'Angleterre, à l'instant même où il revendiquait la couronne de France du chef de sa mère, se déclarait le champion d'un principe tout opposé. Dans la personne du comte de Montfort, Philippe de Valois donnait un démenti formel à la loi salique, tandis que le roi Edouard, de son côté, en adoptait toutes les conséquences par sa levée de boucliers contre le comte de Blois.

Dès que Jean de Montfort eut confié au roi d'Angleterre le triomphe de sa cause, on vit commencer cette longue guerre, toute remplie de vicissitudes incroyables, de défaites bientôt oubliées, de victoires sans résultat. C'est qu'alors il ne s'agit pas seulement de savoir à qui restera le trône de Bretagne : il s'agit de savoir qui l'emportera, de la France ou de l'Angleterre ; il s'agit de savoir de quelle terrible façon va s'engager la lutte de ces deux grandes nations, lutte acharnée, et qui n'aura pas moins de quatre siècles de durée !

Jusqu'au règne de Philippe de Valois, les guerres entre la France et l'Angleterre n'ont pas ce caractère de haine et de violence qu'elles auront bientôt ; c'est la guerre, mais ce n'est pas une rivalité nationale, ce n'est pas cette antipathie que rien n'arrête, ce duel sans miséricorde et corps à corps sur terre et sur mer, cette séparation complète, absolue, sans retour, de

deux peuples qui avaient eu jusqu'alors tant d'origines communes, tant de rapports de bon voisinage et d'intérêts ; cette
fois, l'Angleterre cessait tout à fait d'être normande, elle
renonçait tout d'un coup à ses habitudes françaises, à ses inté-

PHILIPPE VI.
(D'après un portrait authentique de la Collection des rois de France,
jusqu'au règne de Louis XIV.)

rêts français, même à la langue française, pour revenir à
l'idiôme saxon, que les capitaines de Henri Ier et de Richard
Cœur-de-Lion avaient en exécration.

Nous le répétons, la guerre de Bretagne ne fut tout au plus

que le prétexte, cherché avec tant d'ardeur par les deux peuples
de France et d'Angleterre, pour se battre à leur aise, jusqu'à ce
que les terribles leçons de Crécy, de Poitiers et d'Azincourt
eussent appris aux Français à ne jamais désespérer de la patrie.

Pour soutenir les droits d'un des princes qui prétendent la
gouverner, la Bretagne ouvre la France aux Anglais ; mais, en
revanche, elle donne du Guesclin à la France.

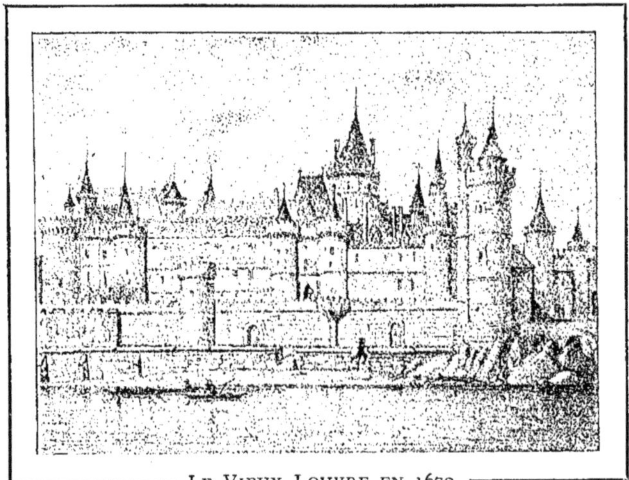

LE VIEUX LOUVRE EN 1670.
(Gravure de l'époque.)

« La Bretagne, dit Chateaubriand, formait à l'extrémité
occidentale de la France un État différent du reste du royaume,
pour le génie, les mœurs et la langue d'une partie de ses habitants. Cette longue presqu'île, d'un aspect sauvage, a quelque
chose de singulier : dans ses étroites vallées, des rivières non
navigables baignent des donjons en ruines, de vieilles abbayes,
des tentes couvertes de chaume où les troupeaux vivent pêle-
mêle avec les pâtres. Ces vallées sont séparées entre elles ou

par des forêts remplies de houx grands comme des chênes, ou par des bruyères semées de pierres druidiques, autour desquelles plane l'oiseau marin et paissent des vaches maigres avec de petites brebis. Un voyageur à pied peut cheminer plusieurs jours sans apercevoir autre chose que des landes, des grèves, une mer qui blanchit contre une multitude d'écueils : région solitaire, ombrageuse, enveloppée de brouillards, couverte de nuages, où le bruit des vents et des flots est éternel. Sur les bruyères et dans les vallées de la Bretagne, vous rencontrez quelques laboureurs couverts de peaux de chèvres, les cheveux longs, épars et hérissés, et vous voyez danser au pied d'une croix, au son d'une cornemuse, d'autres paysans portant l'habit gaulois, le sayon, la casaque bigarrée, les larges braies, et parlant la langue celtique. »

Tel était le théâtre de cette lutte fratricide qui allait armer les Bretons les uns contre les autres, tel était le prétexte qui devait allumer la guerre entre deux grandes nations.

Bertrand du Guesclin embrassa tout d'abord le parti de Charles de Blois. Le chef de la branche aînée de la maison, Pierre du Guesclin, chevalier, seigneur du Plessis, fut un des partisans les plus dévoués de ce prince, et Bertrand suivit toujours la voie indiquée par son aîné.

Le droit de ce prétendant leur paraissait-il plus clair que celui de Jean de Montfort ? Il est permis d'en douter ; mais Charles de Blois joignait à une bravoure sans égale une sainteté héroïque. Adonné aux pratiques les plus rudes de la pénitence, il était pour les pauvres d'une charité sans égale et ne craignait pas d'épuiser son trésor pour marier les orphelins pauvres ou faire instruire les enfants heureusement doués. De telles qualités devaient attirer l'âme généreuse de Bertrand ; d'autre part, Jean de Montfort avait appelé les Anglais à son aide, et le jeune écuyer avait déjà au fond de l'âme cette horreur de l'étranger qui devait le faire travailler si énergiquement plus tard à « bouter hors » de France les soldats d'Édouard III.

Il n'entre pas dans notre dessein de raconter en détail les divers épisodes de la guerre de Bretagne, pour la raison très simple que Bertrand du Guesclin, à peine âgé de vingt-trois ans, n'y joua qu'un rôle assez effacé. Rappelons seulement les principaux actes de ce drame sanglant, afin de pouvoir suivre, d'étape en étape, la carrière militaire de notre héros.

Charles de Blois, soutenu d'une nombreuse armée française, assiégea d'abord son adversaire dans la ville de Nantes. Trente chevaliers du parti de Jean de Montfort avaient été pris dans un château voisin. Quelques officiers de l'armée de Charles de Blois — à l'insu de leur maître, selon toute vraisemblance — firent décapiter les trente chevaliers et jeter, par les balistes, leurs têtes dans la place. Les bourgeois, effrayés, capitulèrent, et Jean de Montfort fut enfermé, à Paris, dans la tour du Louvre.

La comtesse Jeanne, restée en Bretagne, soutint vaillamment la guerre. Elle ne put sauver Rennes, mais elle se défendit si bien dans Hennebon, qu'elle donna le temps aux Anglais de la secourir. Le traître Robert d'Artois, vendu aux Anglais, périt vers ce temps-là, dans une rencontre près de Vannes.

Peu à peu les deux rois se trouvèrent engagés dans les hostilités. En 1342, Édouard III se rendit lui-même en Bretagne et parut aux sièges de Vannes, de Rennes et de Nantes. De son côté, le duc de Normandie rassembla une armée dans laquelle on comptait un nombre infini de barons et 40.000 soldats. Les deux armées se rencontrèrent près de Malestroit. Les Anglais, moins nombreux que leurs ennemis, avaient eu

soin de prendre une forte position. On était au cœur de l'hiver ;
les vivres manquaient de part et d'autre ; des pluies glacées
inondaient les deux camps et multipliaient les maladies. Les
légats du pape intervinrent et firent accepter, le 19 janvier 1343,
une trêve qu'on s'engagea à observer jusqu'à la Saint-Michel
de l'an 1346.

Pendant toute cette première période de la guerre, on ne
trouve Bertrand mentionné qu'une fois dans les chroniques de
Froissart. C'est pendant la première quinzaine de janvier 1343.
Les Anglais, campés devant Rennes, livrent un assaut qui dure
un jour entier, et ils perdent beaucoup de monde, car il y a
dans la place de bons chevaliers et écuyers du parti de Charles
de Blois, comme le baron d'Ancenis, le seigneur du Pont,
messire Jean de Malestroit, Éven Charuel et Bertrand du
Guesclin. La chronique a soin d'ajouter que notre écuyer était
alors très jeune et « de grande emprise. »

Une cruauté inutile de Philippe VI empêcha les deux rois
de France et d'Angleterre d'aller jusqu'au bout de la trêve.
Des seigneurs bretons étaient accourus aux fêtes que, malgré
la détresse publique, le roi ne cessait de donner. Les soupçon-
nant d'intelligence avec les Anglais, il en fit arrêter quinze,
auxquels on trancha la tête. Parmi eux était Olivier de Clisson.
Édouard se déclara leur vengeur et s'arma. Rentrés dans le
royaume par trois portes à la fois, les Anglais reprirent les
hostilités en Bretagne, avec l'aide du comte de Montfort, qui
était parvenu à s'évader de la prison du Louvre. Une première
rencontre, dans la lande de Cadoret, fut fatale aux gens de
Charles de Blois ; mais le malheureux prince vit sa fortune
plus compromise encore à la sanglante journée de la Roche-
Derrien (1347), où il fut fait prisonnier après des efforts héroïques pour sauver l'honneur.

On incline à penser que le jeune du Guesclin joua de la
hache, lui aussi, dans cette lutte décisive où donnèrent toutes

OLIVIER DE CLISSON.
(D'après un tableau de la galerie du Cardinal de Richelieu, au Palais-Royal.)

les forces du parti qu'il avait embrassé. Toutefois il faut bien
reconnaître que sur son rôle pendant les sept premières années
de la guerre de Succession, nous en sommes réduits à la

Du Guesclin.

mention fort succincte de Froissart, que nous avons rapportée plus haut.

Le duc Charles une fois emmené en Angleterre et condamné à payer une rançon énorme, son parti fut, pour un temps du moins, désorganisé, malgré les efforts de sa femme, l'héroïque Jeanne de Penthièvre. C'est alors que Bertrand du Guesclin, voyant sa province livrée aux Anglais, entreprend contre eux une guerre de partisans, et se met à la tête d'une compagnie franche.

Les compagnons qu'il put réunir autour de lui, simple écuyer, étaient de pauvres paysans, incapables de pourvoir aux frais de leur armement. Pour les entretenir, Bertrand se vit réduit plus d'une fois, paraît-il, à forcer l'armoire maternelle. Il est vrai qu'après quelque heureux coup de main contre les Anglais, il rendait avec usure.

« Si advint une journée que Bertrand chevauchait, lui quatrième, par la forêt ; adoncques passait un chevalier anglais qui dedans le châtel de Forneron menait sa finance pour la mettre à sauveté. Tantôt connut Bertrand que le chevalier était Anglais, qui moult hardiment, bien monté et armé de grande prouesse, courut sur Bertrand et de moult peu de compte en tint, parce qu'il était lui septième. Toutefois Bertrand et sa compagnie courut de grande vertu sur le chevalier anglais, et tant fit que en peu d'heures, il le conquit et l'occit. Quand Bertrand eut le chevalier conquis, il s'en vint à sa mère, et quand elle l'aperçut ainsi monté et armé, moult en fut joyeuse. Adonc fit Bertrand apporter la malle du chevalier ; là trouva Bertrand grande finance d'argent et aussi de joyaux, lesquels il donna à sa mère... Quand la dame vit les joyaux, qui sans comparaison valaient mieux que les siens, elle dit à Bertrand :

« Bien dit la converse que par toi serait honorée toute la
gent dont tu es issu. »

» Bertrand prit congé de son père et de sa mère et revint vers
ses compagnons, qui moult furent joyeux de sa venue, et moult
s'émerveillèrent de son état (1). »

Mais du Guesclin et ses compagnons étaient obligés de
camper dans les bois et forêts. C'était parfois dur, même pour
de simples paysans. Bertrand « dit à sa troupe que à présent
était saison de guetter et aviser quelle part ils pourraient
gaigner une forteresse pour s'y mettre à l'abri et courir sur les
Anglais... et tantôt chevauchèrent vers un fort chastel appelé
Forgeroy (Fougeray) occupé par les Anglais (2). »

Voici comment M. Siméon Luce raconte ce curieux épisode
de la jeunesse de Bertrand : « Robert Brambore, capitaine du
Fougeray, avait quitté sa forteresse pour aller renforcer les
troupes du capitaine anglais Dagworth. Par un heureux hasard,
Bertrand se tenait alors tapi avec sa bande, composée d'environ
soixante gars, sur la lisière des bois qui entouraient, au quatorzième siècle, la forteresse dont il s'agit, guettant les Anglais
de la garnison pour les happer à la première occasion favorable.
Il apprend par un valet du château tombé entre ses mains que
le capitaine et la plus grande partie de ses hommes viennent
de partir en expédition : « Amis, nous souperons aujourd'hui
dans ce maître donjon, et je vous régalerai de mouton gras, »
s'écrie Bertrand, en montrant à ses gars la belle tour à créneaux qui domine encore le pays. Il sait que la garnison a fait
une commande de bois de chauffage, et voici le stratagème
qu'il imagine. Il se présente devant le château à la tête de
trente gars des plus résolus, déguisés en bûcherons, et tout

---

1. *Chronique de Bertrand du Guesclin.*
2. Ibid.

courbés sous le poids de fagots et de bourrées où ils ont caché leurs armes. Le reste de la troupe, réparti en quatre petits groupes de sept à huit hommes, se tient caché à quelque distance, prêt à accourir au premier signal.

Bertrand porte la plus forte charge et s'avance le premier, en faisant de grandes enjambées, comme quelqu'un qui aurait hâte de se débarrasser d'un fardeau trop lourd. Plusieurs de ses compagnons se sont affublés de jupons blancs pour ressembler à de pauvres vieilles femmes qui viennent de ramasser du bois.

La sentinelle du château les aperçoit et sonne de la trompe. A ce moment, plus d'un des faux bûcherons voudrait bien « être dans la mer salée », mais il est trop tard pour reculer.

Le stratagème réussit. La garnison croit qu'on lui apporte le bois dont elle a besoin, elle fait abaisser le pont-levis et ouvrir la porte. Bertrand entre le premier. Dès qu'il est sur le seuil, il jette sa charge en travers, tire son épée et fend la tête au portier en poussant son cri de guerre : « Guesclin ! » — « En avant, mes amis, en avant ! crie-t-il à ses compagnons, à bas vos fagots ! Il y a céans bon vin, il ne s'agit plus que de le tirer ! » Puis, s'adressant aux Anglais : « Fils de bandits, voilà du bois que vous payerez cher ; c'est pour chauffer votre bain, mais c'est de sang que je remplirai votre baignoire. »

Du Guesclin et ses compagnons sont déjà maîtres de la porte, lorsque la valetaille des cuisines et des écuries, accourant au bruit, s'efforce d'assommer les assaillants à coups de pierres. Un des gars de Bertrand reçoit même sur l'oreille un tel coup de cognée, qu'il tombe sur le pont-levis pour ne plus se relever. Bertrand passe son épée au travers du corps de l'écuyer anglais qui a fait ce coup, saisit la cognée et s'élance en avant au cri de : « Guesclin ! la journée est à nous ! »

C'est alors qu'en poursuivant quelques fuyards, il se trouve tout-à-coup séparé du gros de sa troupe, et comme enfermé dans une étable où il lui faut soutenir seul l'assaut de toute une armée de valets des cuisines, de la bouteillerie, de la paneterie et des écuries. Ces combattants d'un nouveau genre sont armés, les uns de leviers à porter les seaux, les autres de perches pointues, plusieurs enfin de broches et de pilons. La situation de du Guesclin et des siens menace de devenir critique, lorsqu'on entend retentir un galop de chevaux. Par précaution, les gens de Bertrand crient à ces nouveaux arrivants : « Si vous n'êtes pas pour Charles de Blois, si vous êtes Anglais, sauvez-vous, car, fussiez-vous le double de ce que vous êtes, vous seriez morts ! Bertrand de Claquin et avec lui cinq cents Français sont ici, confessant les Anglais. — Eh ! par la Vierge Marie, répondent les arrivants, nous sommes des vôtres.»

Il est temps que ce secours arrive. Bertrand, lorsque ses compagnons parviennent jusqu'à lui et réussissent à le dégager, se débat comme un sanglier aux abois. Il ne lui reste plus une partie de son armure qui ne soit en pièces ; sa cognée s'est brisée dans la lutte, et il est réduit à se battre avec les poings. Blessé au front, aveuglé par le sang qui jaillit de sa blessure et lui coule dans les yeux, il ne distingue plus ni amis ni ennemis et frappe, à tort et à travers, quiconque s'offre à ses coups. Toutefois une résistance aussi opiniâtre a donné aux compagnons de du Guesclin le temps de venir au secours de leur chef, et bientôt, grâce surtout au renfort reçu pendant l'action, le château est conquis. »

Ici se termine la période la plus curieuse peut-être, mais aussi la plus obscure de la vie de du Guesclin. « Il nous semble, a dit un historien de la Bretagne (1), que c'est un peu

----

1. Jules Janin, *La Bretagne*, page 259.

là la vie d'un bandit de grand chemin. Cet homme, qui va jouer un si grand rôle politique et guerrier, n'est encore qu'un aventurier, très hardi et très brave, dormant à ciel ouvert, habitant, lui et sa bande, les forêts de Rennes et de Chateaubriand. Il aimait le danger pour le danger ; il recherchait la bataille pour le plaisir de la bataille. Son instinct était sûr, son coup d'œil net et rapide ; il portait en lui-même toutes les ruses et imaginations de la guerre. »

Ce jugement nous semble trop sévère. Les premières années de la carrière militaire de du Guesclin sont malheureusement trop peu connues ; mais ce qu'on en saisit, à travers le demi-jour de la légende, fait suffisamment connaître qu'il n'eut pas plus tard à en rougir. Faire la guerre de partisans à des étrangers qui, sous prétexte d'intervention armée, se repaissaient de la chair et du sang du pays, ce n'était point un brigandage; c'était tout au plus une chouannerie ; or, si le brigandage est toujours coupable, il y a telle chouannerie qu'on peut regarder comme la dernière ressource du patriotisme et qui apporte autant de gloire que la guerre régulière.

CHAPITRE TROISIÈME.

Du Guesclin est fait chevalier.
Sièges mémorables.

'AFFAIRE du château du Fougeray avait eu un grand retentissement. Le roi Jean venait de monter sur le trône, et, par le fait de la captivité de Charles de Blois, se trouvait, en Bretagne, le chef de l'opposition aux gens du parti de Montfort. C'est alors que, pour la première fois, du Guesclin s'enrôla au service du roi de France, et eut sous ses ordres, au lieu d'une bande de partisans, une troupe de gens d'armes régulièrement entretenus. Ses prouesses allaient, de ce fait, recevoir un nouvel éclat.

Sa mère n'avait pu que voir se lever sur l'avenir de son fils cette aurore glorieuse : elle était morte peu de temps avant la prise de la forteresse du Fougeray, après une vie remplie de courtes joies et de longues épreuves. D'autres appuis, il est vrai, se présentaient pour aplanir à Bertrand les difficultés de sa carrière.

C'est d'abord Arnoul, sire d'Audrehem, maréchal de France, nommé, le 2 août 1353, lieutenant-général du roi Jean en Bretagne et en Normandie ; c'est ensuite Pierre de Villiers, capitaine de Pontorson, qui devait plus tard désigner du Guesclin pour lui succéder dans cette charge. Ils avaient vu à l'œuvre, l'un et l'autre, l'écuyer breton, et sa passion pour la guerre, sa supériorité dans tous les exercices chevaleresques avaient vivement impressionné ces rudes jouteurs et lui avaient attiré tout d'abord leur sympathie.

La noblesse d'alors avait la passion des tournois, et les seigneurs anglais qui résidaient en France en attendant l'issue de la guerre, s'y livraient avec d'autant plus de frénésie que ces exercices avaient été interdits en Angleterre par Édouard III. La trève se prolongeant entre les deux nations, on prit le parti d'en profiter pour se livrer à ce divertissement très spécialement apprécié. Des joutes se donnèrent à Pontorson, en présence du lieutenant du roi de France, et elles eurent tant de retentissement, que les chroniqueurs du temps en ont conservé le souvenir. Nous y lisons que Bertrand du Guesclin fut le principal organisateur de ces joutes avec Baudouin de Lens, sire d'Annequin, qui depuis ce temps exerça l'importante charge de maître des arbalétriers.

Mais ce simulacre de guerre allait bientôt faire place à une lutte plus sérieuse. La trève entre les rois de France et d'Angleterre avait expiré au commencement d'avril 1354. Les hostilités reprirent aussitôt, et le sire d'Audrehem faillit être surpris à Montmuran par le capitaine anglais Hugues de Calverly. « Ce coup de main aurait peut-être réussi, dit l'historien de la jeunesse de Bertrand, si l'écuyer breton, pressentant avec son flair de vieux routier les projets de l'ennemi, ne les avait déjoués. Bertrand place trente archers en embuscade sur la route que doit suivre Calverly. Pendant que les archers soutiennent la première attaque, l'éveil est donné à Bertrand et au sire d'Audrehem, qui viennent aussitôt à la rescousse. On met pied à terre, et l'on se bat de part et d'autre avec un acharnement inouï. C'est alors qu'un chevalier du pays de Caux, Eslatre des Marès, châtelain de Caen, émerveillé de la bravoure de Bertrand, le fait chevalier sur le champ de bataille, et lui ceint l'épée...

Du Guesclin avait alors environ trente-quatre ans. Il venait de recevoir, en qualité d'aîné, tout l'héritage patrimonial laissé par son père mort l'année précédente.

Le vainqueur du Fougeray, l'ancien chouan des forêts de Teillais et de Paimpont, avait eu peut-être à surmonter, pour entrer dans la glorieuse milice, quelques difficultés qui lui étaient personnelles et qui tenaient à son genre de vie d'autrefois. Bertrand n'avait pas fait seulement aux Anglais la guerre de partisans, ou si l'on veut de maraudeurs ; il n'avait eu pendant longtemps pour soudoyés que des vilains, il s'était mis à la tête de simples gars, et c'est ce que les préjugés chevaleresques du temps devaient voir avec une certaine défaveur.

L'héritage paternel, le rôle brillant de notre écuyer dans les tournois de Pontorson avaient commencé à l'entourer de ce prestige sans lequel il lui eût été difficile de s'avancer, malgré son génie militaire et son admirable bravoure. La robe blanche du chevalier, cette robe que, s'il faut en croire une tradition locale, il revêtit selon la coutume dans la chapelle même du château de Montmuran, acheva de recouvrir ce que ses contemporains auraient pu trouver de trop humble ou même de risqué dans l'aventureuse pauvreté de ses débuts.

C'est à partir de ce moment que Bertrand, peut-être en souvenir de la veillée d'armes et de la cérémonie religieuse de sa promotion, adopta son fameux cri d'armes : « Notre-Dame ! Guesclin ! » qui devint la terreur des Anglais.

Cependant une nouvelle trêve venait d'être conclue.

Charles de Blois, prisonnier à Londres, fut rendu libre sous la promesse de payer sa rançon et d'envoyer à Londres ses deux fils comme otages. Bertrand du Guesclin fut chargé, avec seize chevaliers bretons, parmi lesquels Jean, sire de Beaumanoir, Robert de Saint-Pern et le chevalier de Penhoët, de conduire les deux princes en Angleterre et de les remettre entre les mains d'Edouard.

Selon le chroniqueur d'Argentré, le roi d'Angleterre voulut faire jurer aux seigneurs bretons qui étaient venus à Londres, d'observer fidèlement la trêve. Du Guesclin osa lui répondre, avec une noble fermeté qui pouvait le perdre : « Nous observerons la trêve si vous l'observez vous-même, et nous la romprons si vous la rompez. »

Charles de Blois, débarqué à Tréguier (1356), était allé à Guingamp rejoindre sa femme, Jeanne de Penthièvre. Le bonheur qu'eurent les deux époux de se retrouver après une aussi longue épreuve, dut être mêlé de beaucoup d'amertume, car leurs affaires se trouvaient dans une situation déplorable. Les Anglais s'étaient rendus maîtres de toute la Bretagne bretonnante, et le duc de Lancastre, un des plus grands capitaines de son temps, assiégeait Rennes.

La ville commençait à manquer de vivres. Du Guesclin réunit cent hommes d'armes déterminés, et, par des chemins détournés, arrive un matin, au soleil levant, proche du camp ennemi. Ses soldats et lui, après quelques instants de repos, fondent aux cris de : *Guesclin ! Guesclin !* sur les Anglais surpris, bousculent tout ce qui leur fait obstacle, mettent le feu aux tentes et aux bagages, et s'emparent d'un convoi considérable qu'ils introduisent avec eux dans la place.

Mais il faut entendre raconter cet épisode par un chroniqueur contemporain ; rien ne saurait remplacer la naïveté savoureuse de ces vieux maîtres.

« Le duc de Lancastre, dit le *Roman de sire Bertrand*, mit le siège devant Rennes, et jura qu'il ne partirait pas de là jusqu'à ce qu'il aurait été dedans. Dans Rennes était, de par le duc Charles, Le Boiteux de Penhoët, qui fut chevalier de grand'prouesse et de grand sens. Bertrand désira fort être dans Rennes, où il avait une partie de son lignage ; mais le duc avait tant assiégé la ville de toutes parts, que ceux du dedans ne pouvaient avoir secours ni de vivres, ni de gens.

» Durant le temps dudit siège, Bertrand se tint dans de grandes forêts près de Rennes (1), et souvent de jour et de nuit il courut sur l'armée du duc en criant : « *Guesclin !* » Le duc de Lancastre s'émerveilla de cela, et s'enquit fort qui était celui qui si souvent réveillait son camp. Là il y avait un chevalier de Bretagne qui dit au duc :

« Je vous jure, Monseigneur, que c'est un jeune homme de » vingt ans, issu de grand'parenté, qui tient des jeunes gens » en sa compagnie ; mais déjà en son âge il a fait plus d'armes » que chevalier de ce pays n'en fit jamais de nos temps. »

» Puis il lui conta la prise du Forgeray, et qu'il s'en faisait nommer sire. Alors le duc dit que, puisqu'il tenait le château, il pouvait bien s'en dire seigneur ; mais il aurait bien voulu qu'il fût autre part.

» Devant Rennes le duc fit de grands assauts, mais il perdit plus qu'il n'y gagna. Alors il fit miner la cité. Le rusé (2) Boiteux de Penhoët, qui se douta de la mine, ordonna dans Rennes que, pour avoir connaissance de la mine, chacun tînt en son hôtel bassins ou pelles d'airain, avec une fourchette dedans. Par ce moyen, ceux de Rennes eurent connaissance de la mine et contre-minèrent.

» Bertrand sut nouvelles de la mine, et il en fut fort dolent ; et une nuit Bertrand chevaucha secrètement avec ses compagnons, et mit le feu dans le camp du duc. Alors commença le cri si merveilleux, que les Anglais pensèrent que les Français,

---

1. La forêt de Paimpont, entre Rennes et Montfort.

2. L'imprimé porte « le *tort* Boiteux », rusé, retors.

pour soutenir le duc Charles, fussent venus là. En cette envahie Bertrand prit quatre chevaliers en dehors du camp, et là ils promirent de tenir prison ; puis Bertrand se retira en la forêt. A cause du cri, les Anglais furent ordonnés en bataille toute la nuit, jusques à ce que le guet du jour vînt, qui rapporta que ce n'était rien. Alors le duc pensa, et dit que c'était Bertrand qui ne les laissait pas dormir. Alors vint un chevalier anglais prisonnier que Bertrand envoya par devers le duc, et lui dit :

« Monseigneur, à vous m'envoie Bertrand, dont je suis
» prisonnier, pour vous dire que cette nuit il vous a réveillé ;
» mais pour que dorénavant il vous laisse reposer, il vous
» requiert qu'il vous plaise de le laisser entrer dans Rennes,
» lui et ses compagnons ; car il désire beaucoup voir ses
» parents qui sont dedans. »

» Le duc, qui était fort courroucé, répondit que jamais il ne lui donnerait de trêves ; mais il fit miner plus fort la cité.

» Ceux de Rennes contre-minèrent tant, que la mine fut percée. Là furent les Anglais et les Rennois qui combattirent longuement ; et à la fin les Anglais de la mine furent morts et déconfits, et la mine fondue (1). Quand le duc sut la déconfiture, il n'y eut en lui que courroux. Et il fit de plus en plus guetter pour que ceux de Rennes n'eussent ni vivres ni secours. Et le duc savait bien qu'ils étaient en grand'pauvreté de chairs ; mais ils ne sortaient point. Alors le duc imagina une grand' subtilité pour faire sortir les Rennois. Il fit assembler bien deux mille porcs et les fit mettre en pâture hors de Rennes dans la prairie, près des murs de la cité. Alors ceux de Rennes pensèrent sortir pour s'emparer des porcs ; mais le capitaine ne le voulut

---

1. Effondrée.

souffrir, mais trouva une subtilité contre celle du duc. Il manda
un boucher auquel il fit amener une truie ; puis fit abaisser la
planche du pont, et au dedans il fit langoyer (1) par le boucher
cette truie qui très fort se mit à braire. Aussitôt que les porcs
entendirent le cri, ils accoururent en criant, et jamais rien ne
les put empêcher qu'ils n'entrassent tous dans la cité, et en
telle presse, que jamais Anglais ne s'osa mettre sur la planche.
Ainsi les gens de Rennes conquirent les porcs du duc, qui en
fut fort marri (2). Et de cela ceux de Rennes furent fort aises ;
car ils avaient longuement jeûné de chair ; et longuement ils
furent ainsi, parce que le duc de Lancastre avait juré le siège,
et que de jour en jour les vivres abaissaient dans Rennes, et
ils n'avaient secours de nulle part.

» Le Boiteux de Penhoët assembla ceux de Rennes pour avoir
avis de quel côté ils pourraient avoir secours du duc Charles,
qui était dans Nantes ; mais il était encore prisonnier (3), élargi
sur sa parole, et ne se pouvait armer. Là il y avait un bourgeois
de Rennes qui avait six enfants, lesquels n'avaient de quoi
manger ; lequel bourgeois dit :

« Seigneurs, s'il vous plaît, je m'aventurerai en la manière
» que je vous dirai ; c'est à savoir que j'irai au duc de Lancastre,
» et je lui dirai que vous m'avez banni et pris mon bien ; et je
» lui dirai aussi que secours vous viendra de France bien
» prochainement, et que les Français pensent entrer secrète-
» ment dans son camp ; puis je lui dirai que les Français

---

1. Egorger. Le mot *langoyeur* ou *languéyeur de porcs* est encore usité dans
quelques provinces. L'imprimé que nous avons entre les mains ne porte pas ce mot.

2. Jean-Juvénal des Ursins, dans son *Histoire de Charles VI*, raconte une chose
toute semblable ; il place seulement l'aventure aux portes d'Oudenarde, pendant le
siège que mit Arteveld devant cette ville en 1382.

3. Depuis sa défaite à La Roche-Derrien, en 1347.

» doivent partir de Nantes, et je lui montrerai le chemin que
» doivent tenir les Français ; et si, en ce faisant, je puis échap-
» per, j'ira à Nantes montrer au duc la grand'misère de nous
» tous ; mais, de mes enfants je vous prie que vous ayez
» soin. »

» A cela les Rennois furent accordants; et ils firent une sortie
sur le camp du duc ; et pendant cette sortie se détourna le
bourgeois ; et tant fit, qu'il vint au duc de Lancastre, et lui dit :

« Ha ! Monseigneur, comme ce sera dure chose, si Rennes
» demeure ainsi ! Monseigneur, il est vrai que je suis de
» Rennes, mais de Rennes m'ont banni ceux qui y sont, et ils
» m'ont tué six enfants et enlevé mon bien. Pour cela je
» m'étais retiré à Nantes pensant trouver pitié devers le duc,
» qui n'en a tenu compte. Monseigneur, vous êtes ici de
» longue main ; mais si vous n'y prenez garde, vous n'y serez
» pas longuement ; car, par ma foi, vous aurez demain les
» Français qui sont secrètement partis de Nantes pour vous
» combattre ; et ils viennent par deux chemins pour vous
» surprendre en deux endroits. »

» Pour ces nouvelles, le duc fit le soir ordonner ses batailles
pour recevoir les Français, et ceux qui étaient dans Rennes
firent faire des feux de joie ; et, sur les murs de la cité, ils firent
corner les ménestriers et montrer grand semblant de joie.

» Tant fit le bourgeois qu'il échappa du camp et prit son
chemin droit à Nantes ; et le lendemain il trouva en son
chemin Bertrand et ses compagnons, qui allaient épier le camp
du duc. Bertrand fut aussitôt reconnu du bourgeois, qui lui
conta comment il était à ceux de Rennes, et toute l'affaire, et
comme il avait parlé au duc et s'en allait à Nantes.

» Ce matin-là le duc de Lancastre chevaucha sur le chemin de
Nantes, dans l'espérance de rencontrer les Français ; et en son

siège il laissa tentes, pavillons et charrois, vivres et gens d'armes pour garder le siège.

» Bertrand qui, par le bourgeois, sut le départ du duc, vint se jeter sur le camp en criant : « *Guesclin !* » et là les Anglais se défendirent. Quand ceux de Rennes, qui savaient le départ du duc, surent que Bertrand combattait contre les Anglais, ils sortirent de Rennes et entrèrent au camp. Là les Anglais furent surpris et les tentes du duc, vivres, charrois, garnisons (1) et pavillons gagnés et mis dans la cité de Rennes avec leurs prisonniers.

» Ainsi entra Bertrand dans la ville de Rennes, ce dont ceux de son lignage et de la ville se réjouirent beaucoup (2). »

Cependant, malgré cet échec, les Anglais n'en pressent pas moins le siège avec vigueur ; mais du Guesclin, infatigable, les décime dans ses continuelles sorties.

A force d'entendre parler du jeune capitaine, de sa bravoure et de son habileté, le duc de Lancastre voulut le voir, et, un beau matin, il envoya au gouverneur de Rennes un héraut pour *bailler à Bertran qu'à lui veuille venir.*

Le héraut est porteur d'un sauf-conduit pour le capitaine Bertrand et trois ou quatre de ses compagnons. La porte de la ville est ouverte à l'envoyé de Lancastre. On lui montre un petit homme trapu, portant une hache à son cou, et vêtu d'un jupon noir *comme une crémaillie :*

Bien ressemble brigand qui les marchands épie (3).

1. Provisions.

2. *Chronique de du Guesclin.*

3. Poème de Cuvelier. — C'est également de cet ouvrage que sont extraits les vers suivants, intercalés dans le texte.

Alors le héraut, quelque peu tremblant, explique comment *le bon duc de Lancloistre* fait prier Bertrand de venir, de bonne amitié, dîner sous sa tente. Celui-ci, toujours prudent, se fait lire le sauf-conduit : on se rappelle qu'il n'avait guère fréquenté l'école.

Bertrand mène le héraut à son castel. Il lui fait donner *un bon gippon de soie* et cent écus d'or, à la grande joie du héraut. Il avait pris avec lui quatre bons compagnons, et ils sortirent ensemble de la ville de Rennes. Lancastre, impatient, envoie au-devant du capitaine Bertrand quatre officiers des mieux renommés de l'armée anglaise. La foule s'était portée de chaque côté du chemin. Les uns disaient : « C'est un bandit. » « Regardez, disaient les autres,

> Regardez qu'il est fort, tous les poings sont quarrez. »

Arrivé à la tente du duc de Lancastre, Bertrand du Guesclin, introduit auprès du prince par le fameux capitaine Jean Chandos, met un genou en terre ; mais le duc, le relevant tout aussitôt, lui dit : « Bertran,

> Je vous sai moult bon gré, et ne vous en doubtez
> Qu'à moi estes venus, quant vous estes mandez. »

Ces hommes-là allaient droit au fait et sans détour. On parle de la grande querelle entre Charles de Blois et Jean de Montfort.

« Il en coûtera cent mille hommes, disait Lancastre. (Il se trompait de moitié.)

— Tant mieux, répondit Bertrand, nous aurons de quoi en armer cent mille autres. »

L'instant d'après : « Soyez des nôtres, dit Lancastre ; vous aurez en moi un *bon loyal ami*, et je vous donnerai de grandes terres et vous ferai un des chefs de l'armée. A cette proposition, sire Bertrand fronça le sourcil,

> Berlran le regarda comme un lyon creté.

Cependant il se contint, et il répondit au duc que son épée appartenait à Charles de Blois. Jusqu'à la fin de la guerre, l'Anglais trouvera du Guesclin opposé à ses armes ; mais si un jour la paix était faite entre l'Angleterre et la Bretagne, lui, Bertrand, servirait volontiers le seigneur duc de Lancastre.

Ceci dit, on se met à table. On mange et l'on boit ; le vin est épicé ; on en boit *hardiment*. Tout à coup un chevalier anglais, nommé Guillaume Bembro, sans être retenu par la présence du prince, arrive à du Guesclin et lui dit :

— Bertrand, vous avez pris le château du Fougeray, vous avez tué Robert Bembro, mon cousin ; vous plaît-il que nous fassions, vous et moi, trois coups d'épée ?

— Nous en ferons six ! s'écrie Bertrand.

Le père de Guillaume Bembro avait été le chef des trente Anglais qui se battirent contre les trente Bretons du maréchal de Beaumanoir, le 27 mars 1351, entre Josselin et Ploërmel ; il était lui-même brave et habile ; le duel était donc sérieux.

On arrêta que la rencontre aurait lieu le lendemain ; les deux champions devaient avoir pour témoins la ville de Rennes et l'armée de Lancastre.

Avant de se séparer, Lancastre fit avancer pour Bertrand un cheval *qui valait maint denier*. Bertrand l'accepta, non sans quelque hésitation :

> Et demain le viendrai devant vous essayer.

Le lendemain, de bonne heure, du Guesclin était prêt pour le combat :

> Bertran a fait chanter sa messe hautement,
> Prist une soupe au vin qui estoit moult poignant.

Ce détail, emprunté au chroniqueur, nous renseigne sur l'esprit de foi que notre chevalier savait allier à son ardeur guerrière.

Il traverse la ville à cheval ; toute la ville est en émoi. « Beau neveu, disait sa tante — probablement la même qui lui avait autrefois donné asile dans sa maison — beau neveu, n'y allez pas ! L'Anglais est un traître ! Les *Anglais tiennent peu les convenants !* »

A quoi Bertrand répond : « L'écolier apprend à lire pour devenir un clerc ; moi, je vais à l'école pour apprendre, en joutant, à devenir un vaillant chevalier, et vous, ma tante, rentrez à la maison et embrassez votre mari pour moi. Je reviendrai bientôt : le temps d'allumer vos réchauds, et prenez garde que le dîner soit cuit à point. »

Et il s'en va d'un pas tranquille, chevauchant à travers les prés herbus. Non loin de la ville, l'attendait le héraut pour le mener au camp des Anglais. Pendant que les fanfares sonnaient du côté des remparts, sur le champ de bataille se tenait Bembro, assisté de toute l'armée de Lancastre.

Il est convenu, de part et d'autre, que l'on se battra seul à seul, corps à corps, sans que nul puisse venir en aide au blessé. Bertrand salue courtoisement son adversaire, et la lutte s'engage.

Au premier coup de hache, Bertrand brisa le casque et le haubert de l'Anglais, et le hoqueton creva du choc ;

> Mais adonc nullement point la chair n'entama.

Bembro répondit par un coup non moins terrible, et le Breton ne courba même pas la tête : il se dressa sur ses étriers « ainsi qu'une tour, » dit le chroniqueur.

Le troisième coup ne porta pas. « En voulez-vous encore ? dit Bertrand. Je vous ai ménagé par égard pour Lancastre ; mais prenez garde : si nous recommençons, ce sera le diable ! »

L'Anglais n'est guère moins brave que le Breton, mais il est plus laconique.

« Nous recommencerons, » dit Bembro, ce qu'il appuya d'un coup si violent, que l'arme s'arrêta dans la cuirasse de Bertrand. Du Guesclin riposta d'un coup d'épée, qui perça Bembro d'outre en outre, moins le foie et le poumon. L'Anglais en avait assez *pour sa livraison :* il était mort !

Naturellement la rentrée dans la ville fut triomphante. Laissons la parole au chroniqueur cité plus haut.

« Dans Rennes rentra messire Bertrand, qui y fut honorablement reçu et fêté cette journée ; mais au soir environ le duc fit assaillir la cité, et en cet assaut les Anglais firent tant, qu'ils menèrent une haute tour bien près des murs de la cité. A la nuitée cessa l'assaut, et le duc mit dans la tour gens d'armes et arbalétriers pour la garder, en l'espérance de recommencer le lendemain l'assaut par la tour ; mais le lendemain, au point du jour, par le conseil de Bertrand, sortirent de la cité Le Boiteux de Penhoët, ledit Bertrand et grand nombre de Rennois qui assaillirent la tour et occirent les gardes ; et la tour fut brûlée par feu grégeois ; ce dont le camp fut tout ému. Et les Anglais assaillirent bien âprement ceux de Rennes qui étaient sortis. Là les Rennois se défendirent si longuement en se retirant, et firent tant que, sans rien perdre, ils rentrèrent dans Rennes.

» A ce temps approchait la saison d'hiver, et le duc et les Anglais étaient fort lassés du siège qui s'était longuement tenu, et volontiers le duc eût levé le siège ; mais il avait juré que jamais il n'en partirait, tant que son pennon ne serait pas assis devant la porte de la cité.

» En la cité ils étaient en grand'douleur, à cause des vivres qui fort baissaient, et Bertrand savait bien le serment que le duc avait juré. Il fit donc assembler les chevaliers et les barons qui étaient dans Rennes, et, par le conseil de Bertrand, il fut avisé que, si le duc de Lancastre, lui dixième seulement (1), voulait entrer dans Rennes, on lui ouvrirait les portes, et, pour acquitter son serment, il placerait son pennon sur les portes, pourvu qu'il levât son siège. Bertrand fit signifier cette chose au duc, qui débonnairement l'octroya, et demanda répit de trois jours pour avoir conseil sur ce.

» Par l'ordonnance de Bertrand, il fut crié dans Rennes qu'au lendemain au point du jour chacun fût armé, et que tous vivres de pain, de blé, de chairs et de poissons fussent mis sur les étals et fenêtres de la cité. Tout ainsi comme Bertrand le devisa, cela fut fait. En ce point, quelques chevaliers Anglais conseillèrent au duc qu'il ne fît rien de cela, si la ville n'était mise pleinement à son commandement, et qu'ils savaient bien que la cité était affamée. Toutefois cette journée-là le duc devait entrer dans Rennes. Le duc s'avisa donc que, ce même jour qu'il avait accordé, il entrerait dans Rennes ; et qu'il che-vaucherait par toute la ville, lui dixième, pour voir la ville et son état, puis qu'il pourrait agir selon ce qu'il verrait. Au jour qu'il avait accordé, il entra dans Rennes, lui dixième de cheva-liers. Au devant du duc vinrent le capitaine et Bertrand, et par la ville le menèrent.

1. Avec une escorte de neuf personnes seulement.

» Quand le duc vit la grand'planté (1) des vivres qui étaient dans Rennes sur les étals, et les gens qui étaient armés parmi la ville, il envoya un héraut en son camp quérir ses bannières et pennons, qui bientôt furent apportés. Sur les portes de Rennes le duc monta et y assit ses bannières, puis descendit ; et le vin lui fut apporté, dont il but. Après le vin Bertrand dit au duc :

« Sire, je vous supplie qu'il vous plaise me dire où sera la » guerre dorénavant, car je voudrais aller là. »

» Le duc lui répondit doucement :

« Bertrand, bel ami, vous le saurez bientôt. »

» De la cité de Rennes sortit le duc de Lancastre. Et aussitôt qu'il fut sur le bord du pont, ceux qui étaient sur la porte de Rennes lui jetèrent ses bannières après ses talons; ce à cause de quoi le duc fut dolent de ce qu'il avait jamais traité ; toutefois, pour tenir sa loyauté, il leva son siège et s'en alla au château d'Auray, qui se tenait du parti du comte de Montfort ; et là il se tint le temps d'hiver.

» Après que le siége fut levé, le duc Charles, qui était encore prisonnier, vint à Rennes. Là il fut conté le gouvernement de Bertrand et ses vaillances, ce dont le duc Charles le recueillit grandement en amour (2). »

Bertrand fut le héros du siège de Rennes; il rendit à la ville assiégée l'audace et l'espérance ; il mit à profit également le courage et la ruse : routier, soldat, capitaine, officier de for-

---

1. *Grand'planté*, grande quantité, de *plenitudo*. Nous avons gardé le mot plantureux, dans le sens d'abondant, de copieux. Les Anglais ont le mot *plenty* qui a exactement la même signification.

2. *Chronique de du Guesclin.*

tune, il fut même quelque peu matamore, ce qui ne déplaisait à personne.

Charles de Blois, pour récompenser ses bons et fidèles ser-vices, donna au jeune capitaine la terre et seigneurie de la Roche-Derrien. Ainsi Bertrand du Guesclin voyait s'accroître sa fortune dans cette terre de Bretagne, si pleine alors de misères. « Terre malheureuse, s'écrie le chroniqueur Cuvelier, malheureuse autant que la France, ce beau jardin qui se couvre de tant d'épines à cette heure funeste!» car, il faut le dire, notre chroni-queur est plus Français qu'il n'est Breton ; il s'inquiète beau-coup plus pour la France que pour la Bretagne. Ce qui l'occupe surtout, c'est le résultat des grandes luttes de la France et de l'Angleterre ; de la vieille Armorique, il ne sait rien, sinon ce qu'il en a appris dans les prophéties de Merlin et le roman de Brut.

Les Bretons se retrouvent dans chacune de ces batailles ; ils sont mêlés à ces rudes guerres dont leur presqu'île est le théâ-tre ; ils tiennent la première place dans cette ardente mêlée des faits, des idées et des hommes. Ils sont partout, en Espa-gne, en Italie, en Allemagne, faisant leurs preuves de courage, d'habileté, d'audace, de patience ; soldats qui avaient en eux-mêmes l'instinct et le génie de la guerre, routiers héroïques qui s'en vont au loin chercher les aventures, pendant que leur pays est envahi par un peuple étranger ; si bien qu'en dépit même de ses sympathies toutes françaises, le vieil historiogra-phe de du Guesclin en revient toujours à la Bretagne comme au théâtre solennel des guerres qu'il raconte.

Les premiers chants de son poème sont remplis du récit des duels et des rencontres du *bon* Bertrand. L'aventure du siège de Dinan est vivement racontée. Nous allons traduire en prose cet épisode.

Pendant le siège de Rennes, le duc de Lancastre, pour se débarrasser des incursions des Dinannais, qui menaçaient sans cesse ses derrières, eut l'idée d'aller mettre le siège devant Dinan. Les habitants se trouvèrent tellement pressés et pris au dépourvu, qu'ils conclurent une trêve avec le prince anglais ; ils s'engagèrent à lui rendre la ville s'ils ne recevaient pas de secours dans un délai fixé.

Parmi les défenseurs de la ville se trouvaient Bertrand du Guesclin et son jeune frère Olivier, envoyés par Charles de Blois, avec six cents hommes.

A la faveur de la trêve conclue avec les Anglais, le jeune Olivier du Guesclin osa hasarder une promenade dans la campagne, dans cette merveilleuse campagne dinannaise, si riche, si gaie, si mouvementée. Olivier était dans la sève jaillissante de l'âge. Les lourdes murailles qui bornaient sa vue et entravaient ses pas, lui pesaient comme la voûte d'un tombeau. Il étouffait dans cette double enceinte de fortifications et de dangers ; il lui fallait l'espace, la liberté, le chant des oiseaux, le son du cor dans les bois, les bruyantes cavalcades. Or, cette suspension d'armes lui rendait tout cela. Il chevauchait donc librement sur la verdure, au fond des sonores vallées, dans les grandes avenues bordées de hautes futaies, lorsqu'un cavalier anglais, accompagné de son écuyer, l'arrête, le déclare son prisonnier, en lui reprochant les succès de son frère, et l'emmène.

En apprenant cet outrage, Bertrand demande son cheval et son épée, et se transporte tout droit sous la tente du duc de Lancastre, qu'il trouve jouant aux échecs avec ses principaux capitaines : Robert Knolles, Pembrock, Chandos et le comte de Montfort lui-même.

On croit que son camp était situé sur les hauteurs occupées actuellement par le village du Saint-Esprit.

A l'apparition de du Guesclin, qui fléchit le genou, selon la coutume du temps, en saluant le duc et sa brillante cour, tous se lèvent, et Lancastre court donner la main au chevalier prosterné, en commandant d'apporter du vin pour sa bienvenue. « Du vin ! du vin ! » répètent Chandos et tous les officiers présents, adversaires mais admirateurs du héros.

« Vengeance ! vengeance ! répond celui-ci, et nous boirons après : jusque-là, je ne prendrai rien sous cette tente. »

Et Lancastre de répliquer : « Quel tort vous a été fait ? Sur l'heure justice vous sera rendue.

— Parlez ! parlez ! s'écrièrent les assistants émus.

— Monseigneur, dit Bertrand au duc, vous savez qu'il y a trêve entre vous et nous « de contraire parti. »

— Oui, oui, répond Chandos, et malheur à qui l'aurait violée !

— Et cependant, continue le Breton, l'autre jour, mon frère, à peine sorti de l'enfance, sur la foi de cette trêve, se promenait en dehors de la ville... L'un des vôtres, le capitaine Cantorbery, agissant, non plus en homme de bien, mais en violateur des conditions jurées, a surpris, à l'aide des siens, l'inoffensif jeune homme, et demande mille florins pour sa rançon... Et moi, encore une fois, je demande vengeance !... »

A cette dernière et vibrante parole, accompagnée d'un geste qui montrait l'épée, on vit se lever, dans des transports convulsifs, un homme d'une puissante stature, d'une physionomie pleine de rudesse et d'audace.

« C'est moi, dit-il, que l'on accuse d'avoir forfait à l'honneur de la chevalerie ; ma condition, mon rang m'imposent le devoir de justifier ma conduite. Sachez donc que je n'ai rien fait que je ne puisse soutenir de mon sang. » — Et il jette son gant à terre.

Bertrand le relève. Un éclair de joie passe dans ses yeux et sur son front. Il prend lord Cantorbery par le bras.

DINAN.

« Bien ! bien ! lui dit-il, c'est cela. J'accepte la preuve, et je vous répète que vous êtes un faux et traître chevalier. »

C'était là l'injure suprême. L'Anglais grinça des dents de colère.

« Nous nous battrons, dit-il, et je ne me coucherai pas que je ne me sois mesuré avec vous.

— Et moi, dit Bertrand d'une voix terrible, je ne mangerai que trois soupes au vin, au nom de la Trinité, avant que le gage soit fait. »

Un calme profond succéda à ces menaces. On arrêta les conditions, le lieu, l'heure avec le plus grand sang-froid. L'action se passera devant Lancastre, Chandos, Pembrock, etc., et ces seigneurs, qui, tout à l'heure, attendaient le résultat d'un combat aux échecs, ne perdront rien du côté des émotions.

Le duc offre son cheval et ses armes à du Guesclin, qui les refuse, salue la brillante réunion, et, traversant les tentes et les faisceaux d'armes, rentre dans Dinan pour s'habiller.

Dans le camp, dans la ville, dans les campagnes courut une grande rumeur. Chacun frémit pour son parti.

« C'est un piège de l'Anglais, disaient les généraux dinannais; il multiplie ces duels afin que le hasard l'emporte un jour sur la valeur ; il en veut à la vie de Bertrand, la fleur de nos milices, la terreur de ses armes. »

Or, il y avait dans la ville une jeune fille de vingt ans, grandie sous les châtaigniers de la Bellière, « belle, fort sage, bien apprise, instruite en philosophie et mathématique ». C'était Tiphaine Raguenel, qui devait devenir la fiancée, et plus tard l'épouse du héros.

Comme toutes les femmes d'une imagination élevée, elle aimait la gloire ; aussi admirait-elle le chevalier, et, ce jour-là, son admiration la mettant au-dessus des craintes vulgaires, elle prédit sa victoire.

« N'ayez aucun souci, dit-elle à la multitude attristée, de ce qui peut advenir en la personne de Bertrand pour l'occasion ; car il reviendra triomphant du combat après avoir défait son ennemi, et aujourd'hui il couchera à son aise en cette ville. »

Ces paroles de la gracieuse vicomtesse, qui avait la réputation de lire dans l'avenir, dissipèrent la tristesse publique et relevèrent les courages. Un écuyer de Bertrand les lui rapporta.

—« Il est ici, lui dit cet homme, une dame de haut prix, une dame au clair visage ; elle dit à tout le monde, aux grands comme aux petits, que par vous l'Anglais sera déconfit, et que vous reviendrez sain et vif. »

En ce moment, du Guesclin, sans s'inquiéter des sentiments si divers dont il était l'objet, revêtait avec assurance cette lourde armure dans laquelle il savait se mouvoir avec tant de vigueur, de souplesse et de précision. Il accueillit avec brusquerie des consolations dont sa grande âme n'avait pas besoin.

— « Tais-toi, fou, dit-il au messager. Il ne saurait arriver rien que d'honorable à qui combat pour son pays... Insensé qui s'appuie sur les rêves d'une femme !.. Laisse faire, ma cause est juste et sainte, et Dieu y ait part ! »

En prononçant ces mots, il pique son cheval, et s'élance vers le champ marqué, à travers un tourbillon poudreux.

Reportons-nous par la pensée à cette mémorable journée, Regardons la ville de Dinan. Quel pittoresque et dramatique mouvement ! Notre vieux rimeur nous montre la foule dans les rues, sur la place, sur les murailles, aux portes, aux fenêtres, aux créneaux, sur les toits, partout :

> Autour des champions, il y avait des gens tant
> Que tout était enclos et derrière et devant.

Au sommet des tours flottent les hermines ; défense est faite à haute voix par un héraut de franchir les limites, sous peine de mort.

A l'aspect de son adversaire formidablement équipé, lord Cantorbery sent le cœur lui faillir, car c'est au moment du combat qu'il fallait voir Bertrand pour l'admirer ou pour trembler. Déconcerté, l'agresseur parle à Chandos ; celui-ci s'avance vers Bertrand, et l'engage à laisser tomber le défi, en proposant de lui remettre le prisonnier sans rançon.

« Il n'en doit point, s'écrie du Guesclin, toujours plus indigné, et c'est au traître de me rendre son épée,

> Ou je jure par DIEU et la Vierge Marie,
> Que le faux chevalier qui m'a fait tricherie
> N'échappera jamais... »

Deux autres capitaines, Knolles et Granson, intervinrent inutilement. Du Guesclin leur déclara n'être pas venu pour s'amuser et ne pas souffrir que les illustres seigneurs anglais qui s'étaient dérangés s'en retournassent sans voir la joûte promise. Rien de plus net, et le duc de Lancastre, qui connaissait la puissance de résolution du guerrier, imposa silence aux médiateurs.

Le Boiteux de Penhoët, un des compagnons de Bertrand, assis dans la tente qui lui avait été dressée, ouvre la lice. Les combattants se choquent, les lances éclatent dans leurs mains ; ils en jettent les tronçons à terre pour prendre l'épée. Dans cette seconde course, l'Anglais se fait remarquer par sa force. A cet avantage, Bertrand joint l'habileté, la diligence, la ruse. Sans pouvoir s'atteindre, les chevaliers tournoient dans la carrière, comme les aigles dans l'air où ils se pourchassent. On entend crier les armures, souffler les cavales, qui bondissent sous les éperons. Les spectateurs, identifiés avec les acteurs, se croient emportés par ces évolutions redoutables, au bout de chacune desquelles la mort de l'un des champions semble certaine.

Du Guesclin épuise tous les secrets de son habileté guerrière; il fond à l'improviste sur Cantorbery; il lui donne le vertige, à force de le pousser sur une circonférence invariable : et quand il le voit décontenancé, haletant, effaré, perdu, il fait tout à coup volte-face, le presse, l'accable, et l'épée s'échappe de la main engourdie de l'Anglais.

Un frisson douloureux saisit ses compatriotes, pendant que les Bretons font entendre une tempête d'acclamations. Mais cette émotion n'a pas achevé de se manifester qu'une autre aussi vive lui succède.

Bertrand s'était donné le loisir de sauter à terre et de jeter par-dessus les barrières l'arme tombée. Assis dans la poussière, il déchaussait ses bottes et sa cuirasse pour continuer la lutte à pied, avec la dague, suivant les règles de la chevalerie, et il invitait loyalement son adversaire à en faire autant, proposition tout à son avantage.

Par une autre trahison, au lieu de descendre, l'Anglais précipite sa monture sur du Guesclin, qui blesse l'animal, fond sur le cavalier renversé, lui arrache son casque, et, sans daigner le percer, frappe du pommeau de l'épée sa tête nue. A l'instant, Cantorbery paraît aveuglé et couvert de sang :

> Il ne voit plus Bertrand, mais il le sent assez,

s'écrie cruellement notre poète.

Dix capitaines anglais et autant de bretons accourent :
« Grâce ! grâce ! »
Du Guesclin ne veut rien entendre.

« Laissez-moi, dit-il, parfaire mes armes, et ne vous mêlez pas de ceci... Qu'il se rende ou je le tue ! »

Mais l'opiniâtre insulaire, dont le crâne craquait sous le gantelet d'acier, se laissait assommer et ne se rendait pas. Ses amis font de nouvelles démarches. A leur sollicitation, Le Boiteux de Penhoët s'approche :

« Grâce ! grâce ! C'est assez ! L'honneur est sauf.

— Qu'il se déclare mon prisonnier, ou je le tue ! »

Enfin Lancastre, qui craint avec raison de ne remporter qu'un cadavre, mêle sa prière à tant de supplications.

« Sans votre estime et votre bon plaisir, dit Bertrand en lui délivrant le pauvre lord saignant, mutilé, il était mort.

— Il ne vaut guère mieux, » répond le duc.

Ce prince félicita d'aussi bonne grâce qu'il put le Breton, lui rendit son frère, déclara Cantorbery dégradé et banni de sa cour, et le condamna à donner mille livres, son cheval et ses armes au vainqueur.

L'impression produite par cet événement fut bien différente dans les deux camps. Sous les tentes britanniques, sombre tristesse, humiliation, murmure. Dans la ville, feux de joie, banquets, danses, libations toute la nuit.

« Le capitaine fit un grand souper, dit Cuvelier... Tous les bourgeois y vinrent, et les bourgeoises aussi, tenant leurs mains entrelacées, dansant des rondes et chantant à pleine voix. Joie y fut..., ses ébats durèrent longuement. »

Ce triomphe fut suivi de la levée du siège, le roi d'Angleterre ayant eu besoin du duc de Lancastre pour porter la guerre en France.

Voilà par quelles saillies impétueuses d'un courage que rien n'arrête, Bertrand du Guesclin préludait au grand rôle qu'il va jouer tout à l'heure. Jusqu'à présent, nous n'avons guère vu que le soldat intrépide; mais le chef d'armée, mais l'habile capitaine, celui-là nous allons le retrouver à la tête des soldats de la France.

La désastreuse défaite de Poitiers (1356) a atteint le pays dans ses forces vives ; le roi est captif, le royaume est au pillage, l'autorité n'est plus nulle part, la trahison est partout ; le traité de Brétigny pèse sur nous comme un joug de fer. Alors se rencontrent Charles V et du Guesclin pour accomplir, celui-là par sa sagesse, celui-ci par son épée, une œuvre presque impossible.

Entre du Guesclin et Charles V le traité fut bientôt conclu. A l'un le trône des ancêtres, à l'autre l'épée des conquérants ; à l'un la gloire de la paix, celle qui fait les peuples heureux ; à l'autre le tumulte, les émotions, les ambitions ardentes et généreuses de la bataille ; à l'un et à l'autre l'Anglais à combattre et la France à délivrer de cet ennemi qui revient toujours.

Mais n'allons pas si vite. Entre la levée du siège de Dinan et la bataille d'Auray, qui ravit à la duchesse Jeanne de Penthièvre son mari et son duché, il faudrait placer de nombreux exploits de Bertrand du Guesclin contre les Anglais, qui désolent la Bretagne.

Peu à peu, malgré les gracieusetés de Lancastre et les amitiés que lui fait Jean Chandos, messire Bertrand se met à haïr les Anglais de tout son cœur. Haine vigoureuse, active, passionnée, et, en ceci, du Guesclin était imité par toute la Bretagne. Les Bretons le saluaient les mains jointes ; les hommages, les respects, les riches présents, l'attendaient au passage.

Charles de Blois avait remis sa cause entre les mains de Bertrand, sans toutefois s'en désintéresser lui-même ; il l'avait présenté en grande pompe à la duchesse, et Jeanne de Penthièvre, se levant au seul nom de du Guesclin, s'était jetée à son cou avec des larmes.

Elle-même voulut le marier avec cette noble damoiselle Tiphaine Raguenel, qui avait pour Bertrand une si vive admiration.

« Lors à Dignan (Dinan) vint le duc Charles de Blois, qui le mariage de Bertrand et de Tiphaine de Raguenel fit, et en récompense de ses services lui donna le château de la Roche-Darien à sa vie. Tiphaine était moult sage dame, gracieuse et bien réservée, et avec ce lettrée en plusieurs arts et sciences, et extraite de haut lignage. Si l'avaient plusieurs nobles hommes requise en mariage. Mais elle ne voulut autre que Bertrand, car elle savait sa destinée toute, et moult s'entr'aimèrent. Pour l'honneur de la dame qui de grande loyauté fut pleine, laissa un peu Bertrand à suivre la guerre au commencement de son mariage. Quand la dame vit ce, elle le blâma et lui dit :

« Sire, par vous ont été beaux faits commencés, et par vous seulement en vos jours doit être France recouvrée. Or est ainsi que pour mon amour voulez perdre honneur qui en vous commence. Certes, sire, cette chose ne pourrais endurer... Et sachez, si guerre ne poursuivez, de vaillance ne pouvez avoir honneur. Et en droit de moi, qui suis une pauvre femme, le cœur ne se pourrait adonner à ce que j'eusse amour pour vous, si en vaillance êtes ainsi reculant (1). »

La jeune et courageuse épouse n'eut pas besoin de renouveler son admonestation.

Du Guesclin avait joué un rôle si brillant pendant le siège de Rennes que, selon toute apparence, la renommée de ses hauts faits était parvenue jusqu'aux oreilles du duc de Normandie ; d'autre part Charles de Blois, qui se trouvait alors à Paris, auprès du régent, avait dû faire valoir avec chaleur les

---

1. *Chronique de du Guesclin et Menard.*

services d'un de ses sujets les plus fidèles. Enfin Pierre de Villiers, le capitaine de Pontorson dont nous avons vu précédemment la haute estime pour notre héros, venait d'être appelé aux importantes fonctions de chevalier du guet à Paris, et avait demandé au dauphin Charles que l'on confiât sa succession à du Guesclin.

(D'après une ancienne gravure.)

Celui-ci fut donc institué capitaine général des châteaux de Pontorson et du Mont Saint-Michel, ainsi que des manoirs de Montagu et de Sacey.

La ville de Pontorson, située sur la rive droite du Couesnon, qui sépare la Normandie de la Bretagne, était alors une place de première importance ; quant au Mont Saint-Michel, chacun sait quel épouvantail fut toujours pour les Anglais cette redoutable forteresse.

Les nouvelles fonctions de Bertrand étaient, en quelque sorte, pour lui, une main mise sur la Normandie, et il en profita pour faire cesser, par tous les moyens possibles, l'oppression de l'Avranchin et du Cotentin, horriblement pressurés par les garnisons anglaises, navarraises, françaises, et par les *Tuchins* ou brigands des bois.

Il est bon de rappeler ici en quelques mots jusqu'où s'était étendu le fléau du brigandage, afin de mesurer l'importance des services que du Guesclin devait rendre à la patrie.

La Normandie n'était pas la seule province en proie à la dévastation. Dans la Brie et dans la Picardie, la lutte entre les classes populaires et les riches s'organisa d'une façon redoutable, sous la conduite d'un chef nommé Jacques Bonhomme, d'où vint, croit-on, ce nom formidable de *Jacquerie*, expression de haine et de destruction contre tous ceux qui possédaient quelque chose, sans distinction de race ou de parti, de noblesse ou de bourgeoisie, de drapeau royal ou de chaperon. Il fallut qu'au milieu de ce conflit de factieux, tous les hommes d'armes laissassent toutes leurs dissidences politiques pour se liguer contre cette menace universelle d'extermination.

Chose bizarre! les Anglais eux-mêmes, menacés dans leurs intérêts, vinrent parfois en aide aux partis divers, et l'on vit une étonnante alliance de Charles de Navarre et du régent pour délivrer comme de concert les villes du Beauvoisis, jusqu'au pays d'Artois, de ce brigandage sans exemple. On poursuivit à outrance ces affreux bandits qui semaient partout sur leurs pas le pillage et le meurtre. On en tua des multitudes à Clermont, et l'on vint achever le reste à Meaux par l'épée et par l'incendie. Après cela, les dissensions politiques reprirent leur marche ordinaire.

Au reste, la *jacquerie* n'est pas une entreprise qui doit

apparaître dans l'histoire comme un accident fortuit. Les passions haineuses de ces paysans ameutés répondaient aux passions non moins avides qui se disputaient en haut la puissance.

On venait de voir se révéler une lutte implacable de la noblesse et de la bourgeoisie, lutte qui, après une succession de batailles et de trêves, devait aboutir de nos jours à une sorte de transaction qui serait la ruine de l'une et de l'autre et il n'est pas étonnant qu'il se trouvât alors comme toujours une population disposée à se jeter dans le conflit pour faire justice des rivalités par une extermination universelle. Elle ne faisait qu'exagérer l'opposition de la bourgeoisie, si ce n'est qu'elle enveloppait la bourgeoisie même dans ses destructions. C'est la tendance invincible de toute réaction désordonnée contre les dominations oppressives, et qui montre que la liberté ne saurait s'établir en dehors de l'autorité. Toutes les fois qu'un pouvoir ferme et incontesté a manqué à la France, mille tyrannies se sont élevées ; alors on leur a opposé le crime, funeste affranchissement derrière lequel il n'y a jamais que des tyrannies pires que les premières.

En prenant possession de la place de Pontorson, Bertrand avait fait serment de combattre les Anglais partout où il les rencontrerait, et de ne prendre aucun repos qu'il ne les eût chassés de sa double patrie, la Bretagne et la France.

Il enrôla dans sa compagnie une foule de Bretons et de Normands qui l'avaient accompagné dans ses premières guerres de partisans, et l'on en compte cinquante-deux qui le suivirent dans toutes ses campagnes.

Pendant que Tiphaine Raguenel se réservait une retraite au Mont Saint-Michel pour invoquer en faveur du guerrier le Dieu de la victoire, et aussi, dit-on, pour observer les astres du haut des tours du château, Bertrand allait souvent se distraire et « prendre ses débats » au château de Sacey, ancienne propriété des Malemains, ses aïeux maternels. Breton et normand par la race, l'aigle guerrier étendait ses ailes sur les deux frontières (1).

---

1. Un historien du Mont Saint-Michel donne de curieux détails sur Tiphaine Raguenel et son séjour dans la célèbre forteresse.

« On connaît, dit-il, la guerre de Cent ans avec ses péripéties diverses qui remplirent le XIVe siècle et une partie du XVe, mais les écrivains n'ont point montré le rôle glorieux de notre pays. Cependant du Guesclin, le vainqueur de Cocherel, de Montiel et de Pontvalain, appartenait à l'Avranchier par sa mère, Jeanne de Malmains, par sa femme, Tiphaine Raguenel, fille du vicomte de la Bellière, tandis que saint Michel inspirait Jeanne d'Arc, laquelle chassait les Anglais d'Orléans, le jour de la fête de son célèbre protecteur (8 mai 1429), dont l'appui s'étendait encore sur ces héros que nous avons montrés défendant la montagne invincible où flottait l'étendard français. Or, du Guesclin, partant pour guerroyer en Espagne, ne crut pouvoir offrir à son épouse un asile meilleur que le Mont Saint-Michel, alors régi par Geoffroy de Servon (1306), « gentilhomme qui conserva sous la bure monacale le cœur d'un homme de guerre, » a dit Fulgence Girard. En sa *Vie des Dames illustres*, Pierre de Bourdeilles nous représente Tiphaine comme ayant un grand courage.

» Elle était aussi fort instruite, spécialement en la philosophie et astronomie judiciaire. Elle s'occupait continuellement à la contemplation des astres, à calculer et dresser des éphémérides.

» A ce propos on raconte que le grand capitaine portait toujours un petit livre rempli des observations cabalistiques de sa dame. On a même attribué à Tiphaine, mais sans preuves, certains manuscrits, provenant du Mont Saint-Michel, déposés à la bibliothèque publique d'Avranches. Quoi qu'il en soit, elle habita plusieurs années un logis que Bertrand fit bâtir « au haut de a ville », et où il lui laissa une somme très importante, cent mille florins, « qu'elle départit libéralement jusques au dernier denier à tous les soldats qui, ayant perdu leurs biens à la guerre, venaient en ce mont lui faire visite, les excitant par là de retourner à l'armée sous les enseignes de son mary. »

» A cause de ses connaissances en astronomie, science alors bien mystérieuse sous

Bertrand défit d'abord, en 1361, des compagnies anglaises qui infestaient la Basse-Normandie, sous le commandement de Windsor et de Pleby, et renferma les deux capitaines dans le château de Pontorson. Mais, presque aussitôt, un détachement de trois cents Anglais prit terre à Granville, et son chef,

---

le nom d'*astrologie*, Tiphaine était regardée comme sorcière par les Montois, qui lui donnèrent le nom de *Tiphaine-la-Fée*.

» A leurs yeux, cette dame, généreuse jusqu'à la prodigalité, et dont les nuits se passaient à considérer les étoiles, entretenait des rapports avec le diable, lequel, en échange de son âme, lui avait fait présent d'un esprit familier, d'un *gobelin* résidant presque toujours dans une fontaine ou citerne, derrière le château. Il est vrai que les gens instruits ne croyaient guère à de telles rumeurs, puisque Geoffroy de Servon « officia pontificalement à l'enterrement » de la courageuse femme, morte à Dinan, vers 1374.

» Où placer, à présent, le logis de dame Tiphaine? Une famille importante du Mont Saint-Michel montre sur la façade de la maison qu'elle habite l'écusson de du Guesclin, et fait valoir certaines raisons. Un autre écusson orne aussi la muraille d'un castel récemment construit, et que l'on désigne comme la demeure de la Fée. Nous pensons que le « chasteau » du XIVe siècle n'était dans aucun de ces endroits.

» Les documents anciens décrivent les ruines, — car la demeure de Tiphaine n'offrait plus que des pans de murs dès 1620, — « portant sur trois piliers qui se voient fort à l'aise des fenêtres du bout du dortoir du monastère. »

» Un autre manuscrit parle des « arcades du chasteau dame Tiphaine, » qui joignait « d'un bout à la grande rue » et était converti en jardin « fieffé deux chapons. » De plus, il est question de la maison du *goblin*, située près de la venelle conduisant au « chasteau, » c'est-à-dire à l'abbaye.

» Or, les trois arcades ou piliers existent encore dans un jardin auquel on accède par un porche roman, et qui doit appartenir à M. Leplat. Le *Trou du Gobelin*, citerne qui ne donnait plus d'eau, a été bouché, vers 1840, par M. l'abbé Lecourt, propriétaire du terrain situé entre les arcades et la rue.

» Jusqu'à preuves contraires, nous dirons donc que là se trouvait la maison de du Guesclin.

» Sans doute on objectera que les arcades, et surtout la porte, n'appartiennent

Guillaume Felton, ayant connu l'aventure de ses compatriotes, vint défier leur vainqueur aux barrières de la ville.

« J'ai su, s'écria-t-il, comment tu as fait prisonniers deux capitaines de ma nation ; si tu veux « sortir de ton terrier, » j'aurai ma revanche. »

Il ajoutait qu'il se rendait à Bécherel ou à Fougères, d'où il ne manquerait pas de venir le visiter souvent, et au surplus « qu'il le tenait pour le plus couard capitaine, s'il ne sortait d'un trait d'arc hors de la barrière. »

Bertrand du Guesclin avait peu d'hommes. Il répondit à tant de jactance qu'il ne désespérait pas de trouver quelque jour l'occasion de faire connaissance, mais que, pour le moment, ses gens étaient harassés et rompus des dernières courses.

Les Anglais ayant pris la route de Bécherel, où ils avaient une garnison, du Guesclin les fit suivre par quelques coureurs conduits par ses écuyers, Hamon Lerault et Thomas Boutier. Le lendemain, il monta lui-même à cheval, fit armer sa compagnie et mander les garnisons du Mont St-Michel, de St-James-de Beuvron, de Dol, de Combourg, et il se mit à la poursuite de Felton, qu'il rencontra dans les landes de Meillac. Les

---

nullement au XIVe siècle ; nous le savons de reste ; mais nous savons aussi que les ouvriers de du Guesclin pouvaient parfaitement utiliser des fragments antérieurs, comme cela se voit à chaque pas au Mont Saint-Michel, pour la construction du logis ruiné. Qu'est-ce, en effet, que ce mystérieux couvent de Sainte-Catherine, où dame Tiphaine aurait été abbesse, couvent sans archives, sans histoire, et dont les habitants ont disparu sans laisser de trace ? Si nos débris romans appartiennent à un édifice religieux, rien n'empêche d'y voir les dépendances du *Moustier de Sein-Perron*, ou les restes d'une des chapelles qui existèrent jadis sur le Mont-Tombe, et qui furent conservées et réparées même longtemps après l'établissement fondé par saint Aubert. » — Victor Jacques, *Le Mont Saint-Michel en poche*, p. 64 et suiv.

Anglais, quoique surpris, se défendirent vaillamment. « Ils rompirent leurs bois les uns et les autres, tellement qu'il fallut en venir aux mains, aux haches et aux épées. Les capitaines bretons (qui combattaient sous du Guesclin) étaient Olivier, Henri, Héon de Mauny, Bertrand de Beaumont, Thomas Boutier, Rolland de la Chesnaye, La Chapelle Ruffier, Robert de Plesguen, Jean de Hirel. »

On se fera une idée de la vivacité et de l'acharnement des champions par cette circonstance que le capitaine Felleton, ayant été pris trois fois, se dégagea autant de fois des mains de ses adversaires. Mais il « fut finalement abattu par terre par un nommé Rolland Bodier, vaillant gendarme » auquel il se rendit. Ses compagnons furent ensuite facilement défaits et conduits prisonniers à Portorson.

Ici se place un épisode dont l'héroïne fut la propre sœur de sire Bertrand, Julienne du Guesclin.

Cette sœur aurait pu être une vaillante amazone si, douce avec un cœur de lion, elle n'eût préféré aux chevauchées guerrières la vie paisible du cloître. Néanmoins elle eut occasion de prouver, au moins une fois, son courage, et à peu près dans les mêmes circonstances que Manlius Capitolinus le Romain, sauf que les oies ne furent point de la fête. Voici l'histoire :

Julienne du Guesclin, forcée de quitter son couvent au temps de la plus grande fureur de la guerre de Bretagne, avait trouvé un asile à Pontorson, auprès de Tiphaine Raguenel, femme de l'illustre capitaine.

Or, pendant sa détention dans cette petite place, Felton trouva moyen de gagner les deux femmes de chambre employées au service de la châtelaine, et de les faire consentir à lui livrer la forteresse, après qu'il aurait payé sa rançon et recouvré sa liberté. Avant de sortir, il convint avec elles de l'heure et de toutes les circonstances propres à faire triompher son projet.

Le capitaine anglais choisit une certaine nuit, pendant l'absence de du Guesclin, et fit poser quinze échelles à l'endroit le moins élevé des remparts, puis ses gens se mirent en devoir de monter à l'escalade. Tout le monde dormait dans le château, excepté les deux perfides gouvernantes, qui se disposaient à ouvrir aux assaillants toutes les portes intérieures. La chambre habitée par Tiphaine et sa belle-sœur avait ses fenêtres sur le rempart.

Or, une nuit, — la nuit convenue entre Felton et les chambrières, — Julienne, s'éveillant en sursaut, par suite d'un rêve étrange, entend au-dessous de la fenêtre un sourd murmure de voix et un bruit d'armes. Doucement elle se lève, pour ne point éveiller Tiphaine, qui dormait près d'elle, et s'élance vers la fenêtre. Alors, aux vives clartés de la lune, dont les rayons tombaient en plein sur les créneaux, elle voit dressée au-dessous de la fenêtre une haute échelle, sur laquelle montaient des soldats, qu'elle reconnaît pour Anglais.

Sans s'étonner, Julienne regarde autour d'elle, et aperçoit, pendue à la muraille, une de ces grandes épées que son frère affectionnait.

Elle s'en saisit et retourne à la fenêtre, qu'elle ouvre, quand, déjà, le premier des assaillants commençait à la briser. Un terrible coup d'épée le renverse et le fait tomber sur deux de ses compagnons, qui se noient dans le fossé. Les autres, épouvantés, au lieu de continuer leur escalade, se hâtent de descendre, d'autant plus vite que, l'alarme étant donnée dans le château, ils voient les créneaux se garnir de défenseurs, et Felton donne, quoiqu'à regret, le signal de la retraite.

Comme le lion qui a manqué sa proie et ne se retire que lentement, il s'éloignait suivi des siens, sans beaucoup presser sa marche.

Le jour commençait à poindre, et les premières lueurs de l'aube matinale blanchissaient l'horizon, lorsque tout à coup Felleton entend un galop de chevaux mêlé au cliquetis du fer, et presque aussitôt, au tournant d'un petit bois, il se trouve en présence d'un groupe d'hommes d'armes.

Ceux-ci, bien qu'inférieurs en nombre, sans compter leurs ennemis, n'hésitent pas à se précipiter sur les Anglais aux cris de : *Guesclin ! Notre-Dame Guesclin !*

C'était du Guesclin, en effet, qui, à la suite d'une expédition, revenait à Pontorson. Le premier, chargeant l'ennemi, il courut à Felton, que sa brillante armure désignait comme le chef. L'Anglais, en vain, essaye de résister ; bientôt la terrible hache d'armes du Breton eut fait sauter son épée en même temps qu'elle cassait la tête à son cheval. Felton, prisonnier, n'a plus qu'à se rendre, et ses soldats sont également faits prisonniers, sauf quelques-uns, qui, mieux montés, donnant de l'éperon, peuvent échapper par la fuite.

Peu après, du Guesclin rentrait à Pontorson avec son captif, qui suivait, comme on le pense bien, la tête basse, le regard morne.

Du Guesclin, en ennemi courtois, voulut lui faire les honneurs de son logis. Dès que Tiphaine Raguenel aperçut l'Anglais, dans lequel elle reconnaissait l'assaillant de la nuit, elle lui dit :

« Comment, brave Felton, vous voici encore ? C'est trop, vraiment, pour un homme de cœur comme vous, d'avoir été battu deux fois dans l'intervalle de douze heures, d'abord par la sœur, ensuite par le frère. »

Comme du Guesclin l'écoutait, l'air surpris, Tiphaine raconta les prouesses de Julienne, qui voulait en vain lui fermer la bouche.

Le récit fini, le héros dit à sa sœur, en façon de compliment, avec un joyeux rire :

« C'est bien commencé, Julienne ; pourquoi faut-il que tu ne puisses continuer ? N'étaient ces saints engagements qui te lient à un plus auguste service, je te solliciterais en faveur du roi, notre sire ; tu prendrais la lance, et quel plaisir alors de courir sus de compagnie aux Anglais !

— Merci, mon frère, interrompit Julienne rougissante ; mais c'est assez, c'est trop d'avoir versé le sang une fois, à la vérité, pour le salut de mes frères. »

Quant à Felton, pour avoir la vie, il avait dénoncé la trahison des deux servantes, et comme châtiment de leur crime, celles-ci furent jetées, pieds et poings liés, dans les eaux du Couesnon.

Le récit de ce curieux épisode rendit célèbre le nom de Julienne du Guesclin, et fit longtemps l'entretien des veillées. Mais l'héroïne, indifférente à sa gloire, et redevenue bien vite une humble religieuse, ne songeait plus qu'à dire son office et à soigner les pauvres. Elle mourut abbesse de Saint-Georges, à Rennes, vers 1405, vingt-cinq ans après son frère.

Ce fut durant la guerre contre Charles-le-Mauvais, protégé et soutenu par toutes les forces de l'Angleterre, que Bertrand du Guesclin se mit plus spécialement au service de la France, sans toutefois perdre de vue la cause de Charles de Blois. Il convient de faire connaître au lecteur ce nouvel adversaire.

Charles II, surnommé *le Mauvais*, était âgé de dix-sept ans quand il succéda au trône de Navarre. Il fut sacré à Pampelune le 27 juin 1350, et épousa, en 1353, Jeanne de France, fille aînée du roi Jean. « Ce prince, dit Mézerai, avait toutes les qualités qu'une méchante âme rend pernicieuses : l'esprit, l'éloquence, l'adresse, le courage, la libéralité. » Élevé à la cour de Philippe de Valois, il y fut le plus brillant des princes et des chevaliers. Il était beau, rempli de savoir, d'éloquence, de grâce, et, malgré tous ces dons, il a laissé dans l'histoire un nom sinistre et abhorré.

Quelques troubles éclatèrent en Navarre à son avènement : il les réprima avec une férocité qui étonna, même dans un temps si farouche. Mais c'est par ses intrigues et ses desseins ténébreux qu'il devait causer le plus de maux. Poussé par la vengeance, il déchaîna sur la France la guerre civile et l'invasion, parce que le roi Jean l'avait persécuté et poursuivi de sa haine. La loi salique, tombée en désuétude depuis plus de mille ans, avait été invoquée tout à coup pour l'écarter du trône, dont Jeanne de France, mère de Charles, était l'héritière la plus proche. Mais Charles ne se résigna pas sans peine à courber la tête devant les Valois. Il mit en jeu toutes ses ruses contre un pouvoir qui lui semblait usurpé. Jean, pour le surveiller de près, lui avait donné sa fille, mais sans cesser de voir dans son gendre un rival, et, pour l'irriter encore davantage, il enrichit le connétable de La Cerda aux dépens du roi de Navarre, qui fit assassiner ce favori.

Charles avait un parti nombreux dans tout le royaume. Il était fort, surtout en Normandie, et avait de bonnes garnisons dans ses châteaux. Le roi, ne pouvant l'atteindre, feignit de lui pardonner, et, pour mieux assurer sa vengeance, il attendit.

Le dauphin Charles, étant à Rouen, convia un jour à un repas le roi de Navarre et quelques seigneurs. Au milieu du festin, le roi Jean parut tout à coup : il était parti d'Orléans la veille et avait fait, à cheval, soixante lieues sans s'arrêter. « Le roi vint, dit Froissart, jusqu'à la table où il seioit, lança son bras dessus le roi de Navarre, le prit par la peau, et le tira moult roide contre lui en disant : « Or sus, traître, tu n'es pas digne de seoir à la table de mon fils. Par l'âme de mon père, je ne pense à boire ni à manger tant que tu vives. » En vain le dauphin, à genoux, disait à son père en pleurant : « Ah ! Monseigneur, par Dieu, vous me déshonorez! Que pourra-t-on dire et recordier de moy, quand j'avais le roy et les barons prié de dîner chez moy, et vous les traitez ainsy ! On dira que je les aurai trahis, et si ne vis oncques en eux que bien et courtoisie... » Passa le roi avant, et prit une massue de sergent, et s'en vint sur le comte de Harcourt, et lui donna un grand horion entre les épaules, et dit : « Avant, traître orgueilleux, passez en prison à mal estime ; par l'âme de mon père, vous saurez bien chanter quand vous m'échapperez. »

Jean, ayant fait alors venir le roi des Ribauds, fit massacrer les seigneurs qui avaient accompagné le roi de Navarre. Il accusait, faussement d'ailleurs, son gendre d'avoir gagné le dauphin et de l'avoir engagé dans un complot contre lui.

Le roi de Navarre, traîné à Paris et enfermé au Louvre, où Jean eut d'abord la pensée de le mettre à mort, y endura la plus cruelle captivité ; mais après la bataille de Poïtiers et la prise du roi Jean par les Anglais, les États généraux, présidés par le dauphin, commirent la faute de lui rendre la liberté.

Intéressant par ses malheurs, très séduisant par ses discours, son beau visage et sa courtoisie, Charles de Navarre fut aussitôt en grande faveur auprès des Parisiens. Du haut d'une tribune, il harangua le peuple assemblé au Pré-aux-Clercs. Il parla longtemps en latin sur un texte de l'Écriture et prêcha après en langue vulgaire, et si longtemps, dit le chroniqueur de Saint-Denis, qu'on avait soupé dans Paris quand sa harangue finit.

(D'après un manuscrit des *Chroniques* de FROISSART.)

Le dauphin, piqué d'émulation, voulut à son tour haranguer la foule et se montrer quelque peu clerc aussi.

Mais le Navarrais ne se borna pas à joûter d'éloquence avec son cousin ; il leva des troupes et courut en Normandie pour ressaisir ses bonnes villes et forteresses. Chemin faisant, il prêcha à Rouen, et s'y fit applaudir des bourgeois.

La bourgeoisie, en effet, s'était engouée de ce personnage, convaincue qu'elle était, sans doute, que son droit avait été méconnu. Elle espérait en lui pour délivrer le pays, ravagé par les grandes compagnies, et pour tenir en échec le parti de la cour. Mais le Navarrais n'avait, comme les autres, que le pillage à offrir à ses soldats. Maître de la Seine et de la Marne, il ravagea les terres de l'Ile-de-France, brûlant les bourgs, enlevant les châteaux. Quoique champion de la cause populaire, il courut sus à la Jacquerie, qui lui avait tué quelques chevaliers. Il tomba sur une troupe de ces paysans près de Clermont : il en périt trois mille dans le combat. Il fit couronner d'un trépied de fer rouge le roi des Jacques, qui était tombé dans ses mains ; mais cet acte de cruauté compromit fort sa popularité dans le parti bourgeois.

Le suspectant d'intelligence avec le dauphin, on lui retira le titre de capitaine général de Paris ; mais le prévôt Marcel, l'âme des États et de la Commune, avait besoin du roi de Navarre, dont il s'était servi d'abord contre le dauphin. Marcel, plus tard, avait compté sur lui pour approvisionner Paris, dont il occupait les abords.

S'étant donc livré au Navarrais, il le débarrassa de ses ennemis, les maréchaux de Champagne et de Normandie, qu'il fit égorger aux pieds mêmes du dauphin. Il envoyait toutes les semaines à ce roi des bandits deux charges d'argent pour payer ses troupes, et avait de fréquentes entrevues avec le prince, qui « toujours, dit Froissard, l'engageoit à se bien pourvoir d'or et d'argent pour payer ses troupes, et à l'envoyer hardiment à Saint-Denis, qu'il lui en rendroit bon compte. »

Compromis de tous les côtés, soupçonné de concussion et de trahison, Marcel, n'ayant plus que Charles pour dernière ressource, pris ses mesures pour lui livrer les clefs de Paris. Mais sa tentative échoua, et Charles, trompé dans son attente, s'en dédommagea en recommençant ses courses et ses pillages.

Il avait autour de lui des aventuriers de toute nation, anglais, gascons, navarrais, et secondé par son frère, Philippe de Navarre, il avait fini par enlever tous les châteaux-forts qui commandaient la Seine et les avenues de Paris. Tous deux étaient de rusés et vigoureux chefs de compagnies. On lit dans Froissart : « Ils faisoient (les Navarrais) de telles apertises d'armes, qu'on s'émerveilloit comment ils osoient entreprendre ; car, quand ils avoient avisé un châtel ou une forteresse, si fort qu'il fust, ils ne se doutoient point de l'avoir et chevauchoient bien souvent sur une nuit trente lieues, et prenoient au point du jour les chevaliers en leur lit, dont ils les rançonnaient et puis les boutoient hors de leurs maisons. »

C'est au milieu de ces difficultés, de ces embûches, que le jeune dauphin se préparait à soutenir une nouvelle invasion anglaise, la plus terrible peut-être que le pays ait jamais subie.

Du Guesclin, témoin, comme plus tard Jeanne d'Arc, « de la grande pitié qui était au royaume de France, » avait offert sans hésiter son épée au régent. Celui-ci ne connaissait encore que de réputation le capitaine breton. Il put immédiatement juger par lui-même de sa valeur.

Les gens d'armes à la solde du roi de Navarre avaient occupé par surprise le château de Melun, et il s'agissait de les en débusquer. L'épisode du siège où figure du Guesclin

est dans toutes les mémoires. Voici comment le raconte
M. Siméon Luce :

« Aussitôt que le régent, duc de Normandie, a terminé ses
préparatifs, il ordonne un assaut général. Les assiégeants sont
disposés sur deux lignes. Les arbalétriers et les archers forment
le premier rang ; ils sont munis de pavois pour se garantir du
trait. Derrière ceux-ci se tiennent, pour les soutenir, les chevaliers et les écuyers ; ils sont armés de lances, d'écus et de targes.
Tous ces gens d'armes s'avancent dans un si bel ordre que
c'est merveille de les voir. Ils descendent dans les fossés et
s'approchent avec des échelles pour escalader l'enceinte du
château de Melun ; mais ils sont aussitôt le point de mire des
archers et des arbalétriers de la garnison, dont les traits tombent
sur eux « plus dru que la pluie en hiver. »

Le Bascon de Mareuil (un des principaux chefs de bandes
à la solde du Navarrais) anime les assiégés par son exemple ;
il soulève des pierres énormes et les lance sur les Français.
Du Guesclin ne pardonne pas à ce Navarrais d'avoir voulu
naguère s'emparer par surprise de Pontorson.

« Ah ! Dieu, s'écrie-t-il dès qu'il l'aperçoit, enfin le voilà !
J'ai tant à cœur de le combattre, que j'en oublierais le boire et
le manger. Quel bonheur si je lui pouvais enfoncer ma dague
dans le corps ! »

Pendant que ses troupes tentent ainsi l'escalade, le dauphin,
appuyé contre la fenêtre d'une maison voisine, observe avec
anxiété toutes les péripéties de la lutte.

« Seigneurs, dit-il aux chevaliers qui l'entourent, vous me
ferez blâmer. Je devrais être à la tête de mes soldats, c'est ma
main qui aurait dû frapper les premiers coups, et vous me
condamnez à rester ici les bras croisés, tandis que là-bas tant
de braves donnent leur vie pour moi.

— Sire, répondent les conseillers, laissez vos gens faire leur besogne. Aujourd'hui, c'est un devoir de se garder de la trahison qui a déjà attiré tant de maux sur nous. Un mauvais coup est bientôt fait. Si l'on ne prend soin de mettre en sûreté votre personne, on allumera dans peu de temps pour vous les cierges des funérailles, et nous aurons perdu notre dernier espoir. »

A ces mots, tous les malheurs qui sont venus fondre en quelques années sur le royaume se présentent à la pensée du jeune prince, et lui inspirent les plus mélancoliques réflexions.

« Le royaume de France est, en effet, bien confondu à cette heure. Mon père est prisonnier en Angleterre, et c'est le vassal qui tient son suzerain en servage. Il s'est emparé de nos forte-resses, et ses soudoyés les occupent sans que je puisse les en chasser, je l'avoue à ma honte. Pour comble d'infortune, mes amis, mes plus proches parents sont contre moi ; ceux qui devraient honorer les fleurs de lis les foulent aux pieds. Hélas ! ne verrai-je donc jamais le bon droit vengé, mes ennemis abattus et mon père délivré de sa captivité ? DIEU veuille m'accorder ces grâces ! Oh ! que volontiers, pour les obtenir, je disparaîtrais de ce monde ! »

Cependant le Bascon et les siens font pleuvoir une telle grêle de flèches, de carreaux, de pierres, que les Français, qui s'étaient approchés avec des échelles, reculent épouvantés.

« Brigand, crie du Guesclin au Bascon, que ne puis-je te joindre ! Je le jure, ou je serai assommé au point que les méde-cins n'y pourront trouver guérison, ou j'irai aux créneaux te parler tête à tête ! »

En disant ces mots, Bertrand saisit une longue échelle, la pose sur son épaule et va la planter contre les remparts ; puis, se couvrant la tête de son écu, il commence à monter.

A la vue de cet homme qui ose seul tenter l'escalade :

« Quel est celui, demande le duc à ses gens, qui ainsi monte ?

— C'est Bertrand du Guesclin, lui répond un de ses conseillers, — ce chevalier breton si renommé pour ses prouesses, qui a tant combattu dans les guerres de Bretagne pour votre cousin Charles de Blois.

— Quel intrépide guerrier ! reprend le duc. Je me souviendrai de lui. »

Furieux des provocations de Bertrand, le Bascon de Mareuil se fait apporter les pierres les plus pesantes que l'on peut trouver, des poutres, des tonneaux pleins de cailloux.

« Courage ! disent les assiégés. Écrasez ce vilain qui monte ainsi à l'échelle. Regardez comme il est gros, court et carré, et comme il est enflé parce qu'il porte des armes ! Dieu ! qu'il ferait bon le précipiter dans les fossés ! En tombant, il aurait bien vite le cœur crevé. Surtout, donnez-lui une bonne charge, car c'est évidemment un porte-faix de Paris qui a endossé le harnais. On dirait qu'il est tout poussif. »

Sans s'émouvoir de ces insultes, Bertrand continue de monter à l'échelle ; il invite le Bascon à venir se mesurer avec lui, il se fait fort de lui prouver sa félonie. Mareuil saisit alors une grande caque remplie de cailloux, qu'un autre aurait eu peine à soulever, et la décharge sur son adversaire. Le choc est si violent que l'échelle se brise sous le poids, et Bertrand roule au fond du fossé, la tête la première. Le dauphin, qui remarque l'accident, ordonne d'aller au secours du chevalier breton. Un écuyer, le prenant par les pieds, le retire de l'eau. Du Guesclin est tellement étourdi par la chute, qu'il semble plus mort que vif.

« Oh ! je vous en conjure, dit le duc à ses médecins en le voyant ainsi sans connaissance, sauvez-moi mon homme ! »

On emporte Bertrand, et on le pose, pour le réchauffer, en

un tas de fumier chaud, où il ne tarde pas à recouvrer ses esprits.

« Beaux seigneurs, demande du Guesclin aux amis qui l'entourent, dès qu'il est revenu à lui-même, comment va? Avez-vous pris la forteresse ? Les assiégés se sont-ils rendus ?

— Non, répondent les chevaliers auxquels il s'adresse. On ne veut rendre Melun au duc de Normandie qu'à une condition, c'est qu'il lève auparavant le siège et retourne à Paris.

— Par ma foi, dit Bertrand, le duc n'y consentira pas. Retournons à l'assaut, et qui m'aime me suive ! »

Il prend à peine le temps de revêtir ses armes, court aux barrières et s'avance jusqu'à un endroit où les plus hardis n'ont osé aller. Il repousse les assiégés, qui ont profité de sa mésaventure pour faire une sortie, en tue plusieurs et les force à se replier derrière leurs palissades. L'ennemi s'y renferme et lève le pont-levis. On sonne la retraite, et la nuit vient mettre fin à la lutte.

Quelques jours après, une paix, peu durable, il est vrai, était signée entre le dauphin et le roi de Navarre : la ville de Melun était cédée à la couronne de France.

Cependant Édouard III avait débarqué à Calais à la tête d'une armée immense, et commençait cette campagne d'invasion qui paraît avoir été une merveille d'organisation militaire. Du Guesclin dut revenir au secours de sa province natale, plus que jamais ravagée par les Anglais joints aux bandes navarraises.

C'est alors que, pour la première fois, la fortune trahit ses armes. Pris à l'improviste par le fameux routier Robert Knolles au pas d'Évran, sur les bords de la Rance, Bertrand se battit en désespéré, et s'exposa bien des fois à la mort pour échapper aux mains des ennemis de sa nation. Mais les Anglais n'avaient garde de laisser une telle proie leur échapper. Ils

espéraient une trop forte rançon d'un pareil captif pour attenter
à sa vie.

Du Guesclin fut donc fait prisonnier ; mais peu de temps
après, le dévouement de ses concitoyens payait sa rançon, et,
à peine rendu à la liberté, il reprenait les armes contre le roi
de Navarre.

CHAPITRE QUATRIÈME.

Du Guesclin et le roi de Navarre. — Victoire de Cocherel. — Fin de la guerre de la succession de Bretagne.

CHARLES-LE-MAUVAIS avait profité de la fausse paix dont nous avons parlé plus haut pour se préparer de nouveau à la guerre et se ménager de meilleures chances de succès. Mais Bertrand, qui le surpassait en courage, ne le lui cédait pas en habileté.

« Tant chevaucha Bertrand, dit un vieux conteur, qu'il vint à Guingamp, où il fut reçu à grand'joie. Là il lui fut dit comment Anglais et Navarrais guerroyaient de par le roi de Navarre. Donc il voulut partir de Guingamp pour de là venir en France; mais ceux de Guingamp firent fermer les portes et dirent à Bertrand :

« Sire, près d'ici sont Prestan et d'autres châteaux que tient
» David Holegrave, chevalier anglais qui a épousé la vicom-
» tesse de Rohan, et qui tient le parti du duc de Montfort. Par
» ces châteaux Guingamp est fort grevé ainsi que le pays
» d'alentour. C'est pourquoi, puisque DIEU vous a amené ici,
» nous vous prions, par courtoisie et pour notre bien, que
» vous vouliez mettre le siège devant Prestan ; et certes vous
» le devez bien faire. Et nous sommes ici préparés à vous
» livrer deniers et tous vivres pour mettre le siège. »

» Il fallut que Bertrand accordât cette chose à ceux de Guingamp, qui autrement ne le voulaient pas laisser aller de la ville ce dont fortement il lui déplaisait. Et brièvement il sortit de

Guingamp à grand arroi, et alla assiéger Prestan. Le lendemain au matin Bertrand fit assaillir le château. Là était un
écuyer châtelain qui contrariait fort ceux de Guingamp et leur
faisait de grandes duretés ; car, quand il les prenait, il leur
faisait crever les yeux ou couper un bras, puis les renvoyait.
A cause de cela ceux de Guingamp furent fort désirants
d'avoir le château. Ceux de Guingamp assaillirent durement ;
et l'écuyer, qui avait fort garni le château, le défendait bien ;
mais à la fin la porte fut prise. Quand la porte fut prise, Bertrand manda à sûreté le châtelain, qui à la porte avait tant fait
de vaillances, que c'était merveille à les voir. Débonnairement
il lui dit :

« Châtelain, vous voyez bien que vous ne pouvez plus tenir
» le château ; rendez-le par courtoisie en ma merci. »

» A ce point accoururent ceux de Guingamp qui haïssaient
le châtelain, et qui dirent à Bertrand :

« Pour Dieu, sire, ne veuillez traiter, car nous aurons bien-
» tôt le château ; et alors de ce fol châtelain nous ferons tout
» à notre plaisir. »

» Bertrand, qui avait vu la prouesse du châtelain, lui dit :

« Châtelain, tenez-vous quelque chose du comte de Montfort ? »

» A cela lui répondit le châtelain :

« Sire, à vous je rends Prestan, ma vie sauve ; et je vous
» jure que du comte je ne tiens pas un denier vaillant. »

» Alors Bertrand lui dit :

« Bel ami, en vérité vous en tiendrez de moi, qui ne suis
» pas tel seigneur. »

» Alors s'inclina le châtelain et le remercia et promit de le
servir toute sa vie. Ainsi fut pris Prestan. Et dorénavant le

châtelain fut servant Bertrand, qui pour sa prouesse l'honora fort et lui fit de très grands biens.

» Au partir de Prestan, Bertrand alla assiéger le château de Tourgoust. Un écuyer anglais qui avait nom Thomelin tenait ce château. Au trésor de ce château étaient depuis très long-temps les livres de prophéties de Merlin, et souvent ce Thomelin y faisait lire. Quand il se vit assiégé, il lui souvint que dans les livres de Merlin il avait lu : qu'à ce temps sortirait de la Petite-Bretagne un aigle qui serait de la condition d'un étourneau, et qui, au temps qu'il régnerait, serait par toutes terres redouté.

« Je puis bien dire, dit Thomelin, que Bertrand, qui porte
» l'aigle (1), est le vrai étourneau ; car, tout ainsi que, quand
» l'étourneau qui est devant tous ceux de sa volée se pose en
» un champ, les autres s'y posent après lui, et, là où qu'il aille,
» ils vont ; et aussi lorsqu'il descend en un colombier pour en
» faire partir les colombes, après lui viennent descendre tous
» les autres étourneaux : ainsi en est-il de Bertrand, qui de
» toutes gens est suivi et qui ne peut arriver devant une for-
» teresse sans que brièvement elle lui soit vidée et désencom-
» brée de ses ennemis. »

» Quand Bertrand eut assiégé Tourgoust, le châtelain le manda à David Holegrave, qui fit savoir cette chose et la prise de Prestan au comte de Montfort, qui pensait avoir encore Bertrand prisonnier. En l'hôtel du comte était un chevalier anglais qui haïssait Felton parce qu'autrefois il l'avait tenu prisonnier. Le chevalier anglais, nommé Gautier Hewet, dit

---

1. Du Guesclin portait, en effet, un aigle dans ses armes. Les historiens et chroniqueurs du temps y font souvent allusion. Les armes de du Guesclin s'écrivent ainsi : « *D'argent, à l'aigle éployée ou à deux têtes de sable couronnées d'or, à la bande de gueules brochant sur le tout.* »

au comte que Felton avait eu de Bertrand grand'finance pour le laisser, et qu'autrement il ne s'en serait pas allé. Pour cela il envoya saisir Felton et l'emprisonna, et lui voulut faire couper la tête. Ce fut rapporté à Bertrand, qui en fut fort dolent. Et aussitôt il envoya par devers le comte, et lui manda par un écuyer que, s'il lui voulait envoyer un sauf-conduit, il irait par devers lui et jetterait son gage de bataille contre messire Gautier Hewet, qui mauvaisement avait accusé Felton, et qu'il prouverait par son corps, sans aide d'aucun homme vivant, qu'il était loyalement parti des prisons du comte et de la maison de Felton, et sans que celui-ci le sût, et sans qu'il en touchât en rien au déshonneur ni de l'un ni de l'autre.

» Ces choses furent dénoncées au comte par l'écuyer en faisant son message. Et brièvement Felton, qui pour cette occasion avait été arrêté, fut délivré. Le comte dit à l'écuyer :

« Ami, vous direz à Bertrand que, quelque part qu'il soit, » je le tiens pour mon prisonnier. »

» Alors se leva messire Felton, et il dit à l'écuyer :

« Ami, vous direz à Bertrand qu'envers moi il a fort mal » fait ; car sur la foi de sa loyauté je le laissais aller à son » plaisir, et ainsi il s'en est parti. Et de cela qu'il ne pense pas » que je le combatte ; car par droit je le pense faire approcher » au parlement de France, et bientôt. Et ce n'est pas beau à » un hôte de s'en partir de son hôte sans son congé, vu que » sur sa foi je lui laissais si large prison. »

» Au congé du comte l'écuyer s'en partit, et retourna au siège où était Bertrand, et fit son message. De ce que Felton lui manda il lui déplut fort, à cause qu'il lui faisait reproche de sa loyauté ; mais à cette fois il n'en tint pas grandes paroles ni langages, mais fit dresser des engins et assaillir le château de

telle vertu, que brièvement il fut conquis et pris d'assaut, et
tous ceux qui étaient dedans furent faits prisonniers (1). »

Mais ce n'étaient là que des succès partiels et d'assez médiocre importance. Le hardi Breton se préparait à en remporter d'autres.

En vain le roi de Navarre s'est préparé à la guerre, en vain
il a fortifié ses villes : du Guesclin saura tout reprendre. C'est
ainsi qu'il s'empare de la ville de Mantes, la veille même du
jour où le roi Jean mourait dans sa prison de Londres, le 7
avril 1364.

Mantes fut prise par une de ces ruses admirables que
l'illustre capitaine a introduites dans la guerre moderne. Il
avait déguisé ses gendarmes en vignerons :

> « Droit au soleil levant à cette matinée
> Sont venus les bourgeois à la porte fermée,
> Li un a regardé par une valée :
> — Quelles gens vienne ici qui leur voie ont hâtée !
> Ce sont des vignerons de la nostre contrée
> Qui se viennent louer pour gagner leur journée.
> Et les vignerons ont commencé la meslée,
> Aux bourgeois ont donné mainte dure colée. »

Le sire du Guesclin, monté sur un noyer, suivait du regard
le succès de sa ruse. Arrivent, au cri de leur chef, le capitaine
de Lannoy, Louis de Châlons, toute la bande ; les habitants
se réfugient dans l'église ; car, dit le poète, assez prudent de
son naturel :

> « Il vault mieulx reculer une grant enjambée
> Que chercher le débat pour mourir à l'espée (2). »

---

1. *Le Roman de Sire Bertrand.*
2. **Cuvelier.**

Et l'église se rendit, tout comme la ville de Mantes. La tour de Rolleboise fut emportée le jour suivant.

L'auteur du *Roman de Sire Bertrand* a laissé de ces deux sièges un récit fort pittoresque.

« Le siège durant, dit-il, Bertrand et Guillaume de Lannoy furent en conseil pour savoir par quelle voie ils pourraient conquérir Mantes, qui était riche ville, forte et bien située, mais qui fort haïssait les Français. Il advint qu'une nuit, secrètement, Bertrand et Guillaume de Lannoy partirent du siège. Et près de Mantes ils ordonnèrent un aguet ; puis Guillaume de Lannoy se mit, avec d'autres Français, en état de vignerons. Et, environ au soleil levant, ils approchèrent Mantes où il y a de grands vignobles. Ceux de Mantes, qui pensèrent que c'étaient des vignerons qui se vinssent louer en la place, ouvrirent les portes ; et dans la ville entra Guillaume de Lannoy, qui sur le pont fit occire les portiers. Aussitôt il corna l'embuscade. Dans l'aguet était Bertrand et le comte d'Auxerre, qui avec grand'foison de gens sautèrent et entrèrent en la ville en criant : « *Auxerre et Guesclin !* » Alors s'éleva le cri parmi la ville.

» En l'église de Notre-Dame se retirèrent plusieurs bourgeois. Auparavant ceux de Mantes avaient commencé à renforcer l'église. Devant l'église vinrent Guillaume de Lannoy et ses compagnons, qui commençèrent l'assaut ; mais tous s'accordèrent de se rendre à Bertrand. Là vint Bertrand qui parla aux bourgeois et dit :

« Seigneurs, si au duc de Normandie vous voulez vous » rendre, je suis prêt de vous recevoir, vos vies sauves. »

» Alors les bourgeois, qui avaient la plus grand'part de leurs héritages à Meulan, que tenaient les Navarrais, répondirent :

« Sire, à notre seigneur le duc de Normandie nous nous

» rendons, s'il vous plaît, pourvu que vous vouliez nous pro-
» mettre de faire assaillir ceux de Meulan, car autrement
» Mantes ne pourrait être tenue sans que de jour en jour nous
» les eussions à nos portes ; et nous qui sommes ici, nous
» serons au siège et y exploiterons tant nos corps et nos biens,
» que notre seigneur le duc ni vous ne saurez nous en deman-
» der plus.»

» Cela, Bertrand le leur accorda, et tous se rendirent. Alors
Bertrand mit garnison à Mantes, puis s'en retourna à Rolleboise, et alors fit commencer l'assaut grand et merveilleux. Et
brièvement le château fut pris, où il y avait une forte tour, et
tous les Navarrais qui étaient dedans furent morts ou pris.
La nuit, Bertrand coucha dans Rolleboise, et le lendemain fit
raser le château, et puis s'en retourna à Mantes avec le comte
d'Auxerre. »

La tour bien et dûment rasée, du Guesclin s'en va mettre
le siège devant Meulan, accompagné des bourgeois de Rouen
qui avaient défendu Rolleboise. Meulan devenait plus que
jamais, pour le roi de Navarre, une ville importante à garder :
hautes murailles, forteresse bien défendue, pont sur la Seine
qui dominait le cours de la rivière, habitants disposés à ne pas
ouvrir leurs portes ; toute la ville était bien pourvue

De pain, de chair salée et de bon vin friant.

Quand il a considéré la place sous toutes ses faces, du Guesclin la fait investir. Il donne le signal de l'assaut ; les échelles
sont placées aux murailles ; on brise les barrières. Victoire !
La ville est prise, les bourgeois se rendent, les soldats se
retirent dans la citadelle.

« Vous la prendrez quand vous aurez des ailes, » disait le
gouverneur.

Aussitôt du Guesclin fait avancer quelques pièces de canon.

C'est encore un art dans l'enfance ; mais le coup d'œil du grand capitaine ne s'était pas trompé, et il prévoyait combien, avant peu, ce serait là une importante révolution dans l'art de la guerre. En même temps, il faisait miner la

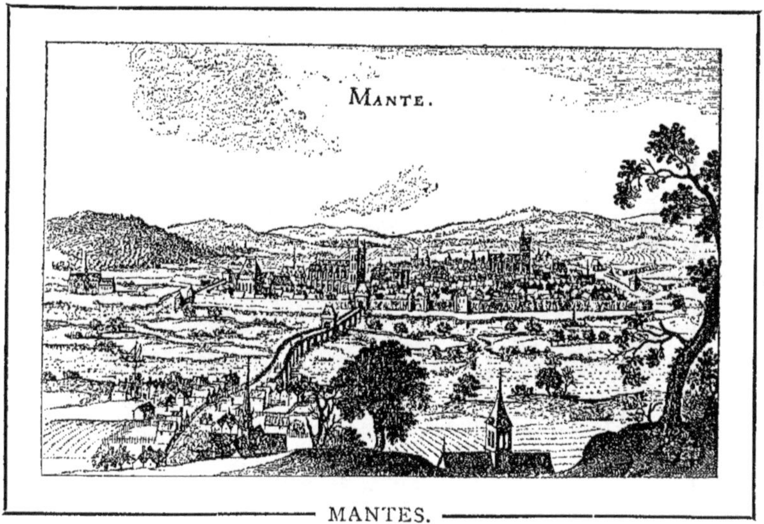

(D'après une ancienne gravure. Voir page 89.)

citadelle ; sur sa tour croulante, le gouverneur se rendit enfin :

Ainsi conquit Bertrand la ville et le donjon.

Grâce à ces exploits, le cours de la Seine, de Paris à l'Océan, était redevenu libre, et la capitale du royaume pouvait vivre et respirer.

Ces derniers événements avaient eu lieu, soit pendant la
seconde captivité du roi Jean, soit tandis que Charles n'était
encore que dauphin et régent de France. Du 8 avril au

JEAN Ier, DIT LE BON.

(D'après une ancienne gravure.)

19 mai 1364, intervalle qui s'écoula entre la mort de Jean
et le sacre de son fils, ce dernier prince s'abstint de prendre
le titre de roi, qui, selon les usages du moyen-âge, n'était
valablement donné à un souverain qu'après l'onction sainte.

Nonobstant le traité de Brétigny, la France n'était point en paix à l'avènement de Charles V. Le nouveau roi, profondément irrité contre le roi de Navarre, dont il fallait punir les trahisons et les crimes, s'était empressé de rompre le traité en vertu duquel Jean Ier avait accueilli les propositions pacifiques de Charles-le-Mauvais, le plus implacable ennemi de la maison de Valois.

Pour tenir tête, en Normandie, aux armes du maréchal de Boucicaut et de du Guesclin, le Navarrais avait envoyé à Évreux le captal de Buch, brave capitaine gascon qui s'était illustré au service des Anglais.

« Tant que nous aurons du Guesclin contre nous, disait le Navarrais, nos affaires iront de mal en pis. »

A quoi le captal de Buch, qui ne doutait de rien, répondit :

« Sire, laissez-moi faire, je vous l'amènerai pieds et poings liés.

— Ah ! beau cousin, reprit Charles-le-Mauvais, plût au Ciel ! »

Cependant le Navarrais redoublait d'efforts, du Guesclin de prudence. Du Guesclin appelait à lui les plus vaillants hommes amis du roi de France.

Il avait choisi Rouen pour rendez-vous de son armée, et là se rencontrèrent, sous les drapeaux du vaillant capitaine, le fameux comte d'Auxerre (Louis de Châlons), le terrible comte de Tonnerre, les hardis seigneurs de Hannequin, de Beaumont, de Bournonville, de Rambures, de Serpi, de Villequier, de Bétancourt, de la Treille, le Bègue de Villaine, de Cayen, de Graville, de Beaujeu, de Vienne, de Poitiers ; et aussi les compagnons inséparables de la fortune de Bertrand, son frère Olivier, Guillaume Bouestel, Olivier de Mauny, Eustache de la Houssaye, Rolland du Bois.

A la tête de cette brillante armée, Bertrand s'en va jusqu'à Pont-de-l'Arche, attendant le captal. Celui-ci ne paraissait pas encore : où il était ? nul ne pouvait le dire. C'est que, de son côté, il cherchait l'ennemi avec la bonne envie d'en venir aux mains, car il savait l'armée de du Guesclin moins nombreuse que celle de Charles-le-Mauvais, et qu'une fois revenus de sacrer leur roi à Reims, les meilleurs seigneurs de France, en toute hâte, reprendraient le harnais. En un mot, nous sommes à la veille de la bataille de Cocherel.

Cette bataille a eu sur le règne de Charles V et sur les destinées du pays une telle influence, qu'il nous en faut reproduire, avec quelque détail, les divers épisodes. Nous emprunterons le récit de Froissart : c'est le plus sûr et le plus intéressant des guides :

« Quand messire Jean de Grailly, dit et nommé captal de Buch, eut fait son amas et son assemblée, en la cité d'Évreux, de gens d'armes, d'archers et de brigands, il ordonna ses besognes, laissa en ladite ville et cité, comme capitaine, un chevalier qui s'appelait Léger d'Orgessin, et envoya à Conches messire Guy de Gérarville pour faire frontière sur le pays. Puis il partit d'Évreux avec tous ses gens d'armes et ses archers, car il entendit dire que les Français chevauchaient, mais il ne savait pas de quel côté. Il se mit donc aux champs, en grand désir de les trouver. Il compta ses gens et se trouva sept cents lances, trois cents archers et bien cinq cents autres hommes dont il pouvait s'aider.

» Là étaient auprès de lui plusieurs bons chevaliers et écuyers, et spécialement un banneret du royaume de Navarre qui s'appelait le sire de Saux. Et le plus grand après, et le plus habile, et qui conduisait la plus grande troupe de gens d'armes d'archers, c'était un chevalier d'Angleterre qui s'appelait Jean

Jouël. Là étaient messire Pierre de Saquenville, messire Bertrand de France, messire Guillaume de Guérarville, et plusieurs autres, tous en grande volonté de rencontrer monseigneur Bertrand et ses gens, et de les combattre. Ils venaient vers Pacy et le Pont-de-l'Arche ; car ils pensaient bien que les Français passeraient la rivière de Seine, s'ils ne l'avaient pas déjà passée.

» Or, il advint que précisément le mercredi de la Pentecôte, comme le captal et sa troupe chevauchaient au dehors d'un bois, ils rencontrèrent d'aventure un héraut qui s'appelait le roi Faucon, et qui était parti au matin de l'armée des Français. Tout aussitôt que le captal le vit, il le reconnut bien, car il était héraut du roi d'Angleterre ; et il lui demanda d'où il venait, et s'il avait quelques nouvelles des Français.

« Au nom de Dieu, Monseigneur, dit-il, oui. Je quittai ce matin même eux et leur troupe ; et ils vous cherchent aussi et ont grand désir de vous trouver.

— Et de quel côté sont-ils ? dit le captal ; sont-ils en-deçà du Pont-de-l'Arche, ou au-delà ?

— Au nom de Dieu, dit Faucon, Sire, ils ont passé le Pont-de-l'Arche et Vernon, et sont maintenant, je crois, assez près de Pacy.

— Et quelles gens sont-ils ? dit le captal ; et quels capitaines sont-ils ? Dis-le-moi, je t'en prie, doux Faucon.

— Au nom de Dieu, Sire, ils sont bien mille et cinq cents combattants, et tous bonnes gens d'armes. Là sont : messire Bertrand du Guesclin, qui a la plus grand'troupe de Bretons, le comte d'Auxerre, le vicomte de Beaumont, messire Louis de Châlons, messire de Beaujeu, monseigneur le Maître des arbalétriers, messire l'Archiprêtre (c'était un chef de routiers ainsi surnommé), messire Dudard de Renty ; et là sont, de

Gascogne votre pays, les gens du seigneur d'Albret, messire Petiton de Courton et messire Perdiccas d'Albret ; et y sont aussi messire Aymon de Pommiers et messire le Souldich de Lestrade. »

» Quand le captal entendit nommer les Gascons, il fut durement émerveillé, rougit tout de colère, et répliqua sa parole en disant :

« Faucon, Faucon, est-ce en bonne vérité que tu dis que ces chevaliers de Gascogne que tu nommes sont là, et les gens du seigneur d'Albret ?

— Seigneur, dit le héraut, par ma foi, oui.

— Et où est le sire d'Albret ? dit le captal.

— Au nom de Dieu, Seigneur, répondit Faucon, il est à Paris auprès du Régent le duc de Normandie qui s'appareille fort pour aller à Reims ; car on dit partout communément que, le dimanche qui vient, il se fera sacrer et couronner. »

» Alors le captal porta sa main à sa tête, et dit comme par mécontentement :

« Par le chef de saint Antoine ! Gascons entre Gascons s'éprouveront. »

» Alors le roi Faucon parla pour Pierre, un héraut que l'Archiprêtre envoyait là, et il dit au captal :

« Monseigneur, assez près d'ici m'attend un héraut que l'Archiprêtre envoie vers vous, lequel Archiprêtre, à ce que j'entends dire par le héraut, vous parlerait volontiers.

» Le captal répondit à cela, et dit à Faucon :

— Faucon, dites à ce héraut français qu'il n'a que faire plus avant, et qu'il dise à l'Archiprêtre que je ne veux nulle conversation avec lui. »

» Alors s'avança messire Jean Jouël, et il dit :

« Sire, pourquoi ? peut-être est-ce pour notre profit

» A cela le captal répondit :

— Jean, Jean, cela n'est pas ; mais l'archiprêtre est si rusé, que s'il venait jusqu'à nous en contant paroles et bourdes, il aviserait et imaginerait notre force et nos gens ; et cela pourrait nous tourner à grand dommage et à grand contraire. Aussi je n'ai cure de ses grands parlements. »

» Alors le roi Faucon retourna vers le roi Pierre son compagnon, qui l'attendait au coin d'une haie, et excusa monseigneur le captal bien et sagement, si bien que le héraut français en fut tout content ; et, en revenant, il rapporta à l'archiprêtre tout ce que Faucon lui avait dit.

» Ainsi les Navarrais et les Français eurent connaissance les uns des autres par le rapport des deux hérauts. Ils se conseillèrent et avisèrent là-dessus, et se dirigèrent ainsi que pour se rencontrer l'un l'autre. Quand le captal eut ouï dire à Faucon quel nombre de gens d'armes étaient les Français et qu'ils étaient bien quinze cents, il envoya aussitôt de certains messagers en la ville d'Évreux vers le capitaine, en lui signifiant qu'il fît partir et sortir en toutes manières de jeunes compagnons armés dont on se pouvait aider, et qu'il les fît aller vers Cocherel ; car il pensait bien qu'il trouverait les Français à cet endroit-là, et que, sans faute, quelque part qu'il les trouvât, il les combattrait.

» Quand ces nouvelles vinrent en la cité d'Évreux à monseigneur Léger d'Orgessin, il les fit crier et publier, et commanda étroitement que tous ceux qui étaient à cheval allassent incontinent vers le captal. Alors en partirent derechef plus de cent vingt jeunes compagnons de la ville.

» Ce mercredi, à l'heure de None, le captal se logea sur une montagne, et ses gens tous aux environs ; et les Français, qui désiraient les trouver, chevauchèrent en avant, et tant, qu'ils vinrent sur la rivière qu'on appelle dans le pays Iton, et qui court autour d'Évreux et a sa source bien près de Conches. Ils se logèrent là tout aisément le mercredi, à l'heure de relevée, en deux beaux prés, tout le long de la rivière. Le jeudi matin, les Navarrais se délogèrent, et envoyèrent leurs coureurs en avant, pour savoir s'ils entendraient quelques nouvelles des Français ; et les Français envoyèrent aussi les leurs pour savoir s'ils entendraient quelques nouvelles des Navarrais. Ils en rapportèrent chacun à ceux de son parti, après avoir fait moins de deux lieues, des nouvelles certaines ; et les Navarrais chevauchaient, ainsi que Faucon les menait, droit le chemin par lequel il était venu.

» Environ à une heure de Prime, ils vinrent sur la plaine de Cocherel, et virent devant eux les Français, qui, déjà, ordonnaient leurs batailles ; et ils avaient grand'foison de bannières et de pennons, et semblaient être une fois et demie plus nombreux qu'eux n'étaient. Les dits Navarrais s'arrêtèrent alors tous cois au-dehors d'un petit bois qui est situé là, et puis les capitaines se portèrent en avant, et se mirent en ordonnance.

» Premièrement ils firent trois batailles bien et habilement, tous à pied, et envoyèrent leurs chevaux, leurs bagages et leurs garçons en ce petit bois qui était près d'eux ; et ils établirent monseigneur Jean Jouël en la première bataille et lui donnèrent tous les Anglais, hommes d'armes et archers. Le captal de Buch eut la seconde, et ils pouvaient bien être en sa bataille quatre cents combattants, tant des uns que des autres. Auprès du captal étaient le sire de Saux en Navarre, un jeune chevalier et sa bannière, et messire Guillaume de Guérarville, et messire Pierre de Saquenville. Trois autres chevaliers eurent la troisième : messire de Mareuil, messire Bertrand de France, et messire Jauses-Lopin ; et ils étaient là environ quatre cents armures de fer.

» Quand ils eurent ordonné leurs batailles, elles ne s'éloignèrent point l'une de l'autre, et prirent l'avantage d'une montagne qui était à main droite, entre eux et le bois, et se rangèrent tous de front sur cette montagne devant leurs ennemis, et ils mirent encore, par prudent avis, le pennon du captal sur un fort buisson épineux, et rangèrent autour de là soixante armures de fer pour le garder et le défendre. Ils le firent par manière d'étendard, pour se rallier, si, par la force des armes, ils étaient dispersés. Et ils ordonnèrent encore qu'ils ne devaient point partir ni descendre de la montagne, quelque chose qui advînt ; mais que, si on les voulait combattre, on vînt là les chercher.

» Tout étant ainsi ordonné et rangé, les Navarrais et Anglais se tenaient d'un côté sur la montagne que je vous dis. Pendant cela, les Français ordonnaient leurs batailles, et en firent trois, et une arrière-garde.

» Messire Bertrand du Guesclin eut la première bataille avec les Bretons ; le comte d'Auxerre eut la seconde ; l'archiprêtre eut la troisième et les Bourguignons ; et l'autre bataille, qui était pour arrière-garde, était toute faite de Gascons.

» Quand ceux de France eurent tout ordonné leurs batailles, et que chacun savait quelle chose il devait faire, ils examinèrent entre eux et pourparlèrent longuement quel cri ils crieraient pour la journée, et à quelle bannière ou à quel pennon ils se rallieraient... Et fut avisé et regardé que le meilleur chevalier qui fût là, qui avait le plus combattu de sa main, et qui aussi savait le mieux comment telles choses se doivent maintenir, était messire Bertrand du Guesclin.

» Il fut donc convenu d'un commun accord que l'on crierait :

Notre-Dame! Guesclin! et qu'on agirait entièrement pour cette journée par les ordres dudit messire Bertrand.

» Toutes choses faites et établies, et chaque seigneur étant sous sa bannière ou son pennon, ils regardaient leurs ennemis, qui étaient sur ce tertre, et qui ne partaient point de leurs forts, car ils ne l'avaient pas en conseil ni en volonté. Ce dont il ennuyait beaucoup aux Français, d'autant qu'ils les voyaient grandement en leur avantage, et aussi à cause que le soleil commençait à monter haut, ce qui leur était un grand contraire, car il faisait extrêmement chaud.

» Quand les seigneurs de France virent cela, ils se réunirent ensemble par manière de conseil, et messire Bertrand du Guesclin donna ainsi son avis :

« Seigneurs, nous voyons que nos ennemis diffèrent de nous combattre, et pourtant, ils en ont grande volonté, ainsi que je pense ; mais ils ne descendront point de leur fort, si ce n'est par un moyen que je vous dirai ; nous ferons semblant de nous retirer et de ne pas combattre d'aujourd'hui ; aussi nos gens sont-ils durement foulés et travaillés par la chaleur , et nous ferons passer tout bellement et en ordre tous nos valets, nos harnais et nos chevaux, outre ce pont, et les ferons retirer en nos logis ; et toujours nous nous tiendrons sur l'aile et en ordre de bataille aux aguets, pour voir comment ils se maintiendront. S'ils désirent nous combattre, ils descendront de leur montagne et nous viendront requérir en plaine. Aussitôt que nous verrons leurs dispositions, s'ils font ainsi, nous serons tout préparés à retourner sur eux, et ainsi nous les aurons mieux à notre aise. »

» Ce conseil fut accepté de tous, et ils le retinrent entre eux pour le meilleur. Alors chaque seigneur se retira entre ses gens, et sous sa bannière ou pennon ainsi qu'il devait être, et puis ils sonnèrent leurs trompettes et firent grand semblant de se retirer ; et tous les chevaliers et écuyers et gens d'armes commandèrent à leurs valets et garçons de passer le pont et de mettre leurs harnais outre la rivière. Ainsi plusieurs passèrent, et presque tous, et puis quelques gens d'armes, par feinte.

» Quand messire Jean Jouël, qui était habile chevalier et vigoureux durement, et qui avait grand désir de combattre les Français, aperçut la manière dont ils se retiraient, il dit au captal :

« Sire, sire, descendons habilement ; ne voyez-vous pas comment les Français s'enfuient ?

» Le captal répondit alors :

— Messire Jean, messire Jean, ne croyez jamais que de si vaillants hommes qu'ils sont s'enfuient ainsi. Ils ne le font que par malice et pour nous attirer. »

» Messire Jean Jouël, qui était en grand désir de combattre, s'avança alors, et dit à ceux de sa troupe, en criant : *Saint Georges !*

« Passez devant ! qui m'aime me suive ! Je m'en vais combattre. »

» Alors il se hâte, sa lance au poing, devant toutes les batailles ; et déjà il était descendu en bas de la montagne, avec une partie de ses gens, avant que le captal en partît.

» Quand le captal vit que c'était pour de bon, et que Jean Jouël allait combattre sans lui, il le tint à grand'présomption, et dit à ceux qui étaient auprès de lui :

« Allons, descendons la montagne lentement ; messire Jean Jouël ne combattra pas sans moi. »

» Tous les gens du captal s'avancèrent alors, et lui premièrement sa lance au poing. Quand les Français, qui étaient aux aguets, le virent venir et descendre dans la plaine, ils furent tous réjouis, et dirent entre eux : « Voici ce que nous demandions aujourd'hui tout le jour. »

» Ils retournèrent alors tous d'une troupe, en grand'volonté d'accueillir leurs ennemis, et s'écrièrent tous d'une voix : « *Notre-Dame ! Guesclin !* Leurs bannières se dirigèrent donc vers les Navarrais, et les batailles commencèrent à s'assaillir de toutes parts, et tous à pied.

» Et voici venir monseigneur Jean Jouël tout devant, la lance au poing, qui courageusement vint attaquer la bataille des Bretons, dont messire Bertrand était chef ; et là il fit maints exploits d'armes, car il était hardi chevalier.

» Dans ces batailles, les chevaliers et les écuyers se dispersèrent sur ces plaines, et commencèrent à lancer, à férir et à frapper de toutes armes, ainsi qu'ils avaient en main, et à entrer dans les rangs les uns des autres par bravoure, et à se combattre de grand'volonté. Là les Anglais et les Navarrais criaient d'un côté : *Saint Georges ! Navarre !* et les Français : *Notre-Dame ! Guesclin !*

» Au commencement de la bataille, quand messire Jean Jouël fut descendu et que toutes ses gens le suivaient du plus près qu'ils pouvaient, et notamment le captal et sa troupe, ils pensèrent avoir la journée pour eux ; mais il en fut tout autrement. Quand ils virent que les Français se retournaient en bon ordre, ils virent bientôt après qu'ils s'étaient aventurés. Néanmoins, comme gens de grande entreprise, ils ne s'ébahirent de rien, mais eurent bonne intention de tout recouvrer en combattant bien. Ils reculèrent donc un peu et se mirent ensemble, et puis ouvrirent leurs rangs et firent place à leurs archers, qui étaient derrière eux, afin qu'ils pussent tirer.

» Quand les archers furent devant, ils s'espacèrent et commencèrent à tirer de grand'manière; mais les Français étaient si

bien armés et pavoisés contre le trait, que jamais ils n'en furent
maltraités.

» Et pour cela ils ne laissèrent point de combattre ; mais ils
entrèrent dans les rangs des Navarrais et des Anglais tous à
pied, et ceux-là dans leurs rangs de grand'volonté.

» Là, il y eut grand choc des uns et des autres ; et ils s'arra-
chaient l'un à l'autre, par force de bras et de lutte, leurs lances
et leurs haches et les armes dont ils combattaient ; et ils se
prenaient et se rendaient prisonniers l'un l'autre ; et ils s'appro-
chaient de si près, qu'ils se combattaient mains à mains si
vaillamment, que nul ne pourrait mieux.

» Vous pouvez bien croire qu'en telle presse et tel péril, il y
eut grand'foison de morts et de renversés ; car nul ne s'épar-
gnait d'un côté ni de l'autre...

» Les Picards et les Gascons furent là de très braves gens, et
y firent plusieurs beaux exploits d'armes.

» Or, je veux vous parler des trente qui étaient élus pour
s'adresser au captal, et qui étaient très bien montés sur fleur
de coursiers. Ceux-ci, qui ne s'occupaient d'autre chose que de
leur entreprise, ainsi qu'ils en étaient chargés, s'en vinrent tous
serrés là où était le captal, qui combattait fort vaillamment
d'une hache et donnait des coups si grands que nul n'osait
l'approcher ; et ils rompirent la presse, aidés par les Gascons
qui leur ouvrirent le chemin. Ces trente, qui étaient très bien
montés, ainsi que vous savez, et qui savaient quelle chose ils
devaient faire, ne voulurent pas redouter la peine et le péril ;
mais ils vinrent jusqu'au captal et l'environnèrent, et s'arrêtèrent entièrement sur lui, et le prirent et l'embrassèrent de
fait entre eux par force, et puis vidèrent la place et l'empor-
tèrent en cet état.

» Et en cet endroit il y eut alors grand débat et grand abatis

COURONNEMENT DU ROI CHARLES V ET DE LA REINE.
D'après un manuscrit des *Chroniques* de Froissart. (Voir p. 107.)

et rude choc ; et toutes les batailles commencèrent à converger de ce côté ; car les gens du captal, qui semblaient bien forcenés, criaient : « *Rescousse au captal ! rescousse !* » Néanmoins cela ne put rien leur valoir ni aider. Le captal fut emporté et ravi de la manière que je vous dis, et mis en sûreté. Et à l'heure où cela advint, on ne savait encore lesquels auraient l'avantage.

» En cette nuitée et en ce grand bruit et bousculade, comme les Navarrais et les Anglais s'occupaient à suivre la trace du captal qu'ils voyaient emmener et emporter devant eux (ce dont il semblait qu'ils fussent tous forcenés), messire Aymon de Pommiers, messire Petiton de Courton, monseigneur le Souldich de Lestrade et les gens du seigneur d'Albret s'efforcèrent de grand'volonté de se diriger vers le pennon du captal qui était sur un buisson, et dont les Navarrais faisaient leur étendard. Il y eut là grand bruit et forte bataille, car il était bien gardé et par de bonnes gens. Il y eut là maintes habiletés d'armes faites, maintes prises et maintes rescousses, et maints hommes blessés et renversés par terre.

» Toutefois, les Navarrais qui étaient là auprès du buisson et du pennon du captal furent bafoués et repoussés par la force des armes, si avant qu'il n'en était aucune nouvelle autour du buisson, quand le pennon du captal fut pris, conquis et déchiré et jeté par terre.

» Pendant que les Gascons s'occupaient à faire cela, les Picards, les Français, les Bretons, les Normands et les Bourguignons combattaient d'autre part fort vaillamment ; et bien leur en était besoin, car les Navarrais les avaient fait reculer, et le vicomte de Beaumont était demeuré mort au milieu d'eux.

» Je vous dis, ainsi que je l'ai ouï raconter par ceux qui y furent d'un côté et d'autre, qu'on n'avait point vu pareille bataille d'une telle quantité de gens être si bien combattue que celle-ci le fut ; car ils étaient tous à pied et main à main. Et ils s'entrelaçaient l'un dans l'autre, et s'éprouvaient à bien combattre avec les armes qu'ils pouvaient, et spécialement ils donnaient de ces haches de si grands horions que tous s'étonnaient.

« Cette bataille fut en Normandie, assez près de Cocherel, par un jeudi, le seizième de mai, l'an de grâce MCCCLXIV. »

Telle fut cette bataille de Cocherel, signalée entre toutes par la justice de la cause et par l'importance des résultats. Nous en avons emprunté le récit au chroniqueur qui la rapporte avec le plus de détails, afin que le lecteur, tout en goûtant la saveur de son naïf langage, vît de près, en quelque sorte, notre héros sur le champ de bataille.

La nouvelle de cette victoire arriva à Charles V au pied de l'autel de Reims, et jamais *Te Deum* solennel ne fut chanté avec plus de joie et d'orgueil. A Cocherel, en effet, Bertrand du Guesclin n'avait pas seulement sauvé la royauté, il avait sauvé la France.

Aussi bien, la récompense fut digne d'un roi. Charles V vint à Rouen pour complimenter cette armée qui l'avait si bien servi ; il nomma du Guesclin maréchal de Normandie et comte de Longueville.

Cependant les Anglais étaient loin d'être chassés de Normandie. Du Guesclin était d'autant plus pressé de délivrer cette province, que la Bretagne le réclamait pour soutenir encore une fois de son épée le saint duc Charles de Blois.

La petite ville de Valognes, dans la presqu'île du Cotentin, était occupée par une garnison anglaise. Avant de quitter la Normandie, Bertrand résolut de rendre cette place au roi de France. La ville était sans défense ; les Français s'y logèrent, pour de là attaquer le château. Plusieurs assauts furent donnés sans résultat ; alors Bertrand fit dresser des engins qui lançaient de grosses pierres contre les murailles.

Les assiégés entassèrent du foin sur les tours et remparts, afin d'amortir les coups, et placèrent au sommet de la plus haute tour une cloche et un guetteur qui distinguait de là les mouvements des Français. Dès que les assiégeants dressaient leurs engins pour lancer des pierres, le guetteur sonnait la cloche, et aussitôt Anglais et Navarrais se mettaient en sûreté jusqu'à ce que la pierre fût tombée, et quand la pierre avait frappé la muraille, ils sautaient sur le rempart et l'essuyaient avec des toiles, pour railler les Français sur le peu d'effet de leurs projectiles : « Vous avez tort, disaient-ils, de salir ainsi nos belles pierres blanches. »

Du Guesclin ordonna alors de miner le château ; mais il était bâti sur un rocher, et tous les efforts furent inutiles. Bertrand jura alors de maintenir le siège devant Valognes, et fit de nouveau assaillir le château.

Quand Anglais et Navarrais surent que le terrible capitaine avait juré de maintenir le siège, ils se résignèrent à traiter, et prirent jour pour livrer le château. Ce jour-là, les Français arrivèrent en armes, et les assiégés, sortant du château, défilèrent devant eux. Des cris et des huées se firent entendre à l'adresse des vaincus ; alors ceux des Anglais et Navarrais qui n'avaient pas encore franchi l'enceinte des remparts retournèrent en arrière et levèrent le pont. Il fallut donner un nouvel assaut ; mais le siège, cette fois, ne pouvait durer longtemps : les assiégés n'étaient que huit. Ils se rendirent après une lutte désespérée, et Bertrand, plein d'estime pour le courage de ces braves gens, les traita avec honneur.

« A partir de Valognes, dit le *Roman de Sire Bertrand*, du Guesclin chevaucha avec son armée devant le Pont-d'Onne, où il y avait ville fermée et église remparée. Et là il fit dresser ses engins et assaillir la ville. Dans le Pont-d'Onne était messire Hugues de Calverly, chevalier anglais, et grand'chevalerie d'Anglais, de Navarrais et Normands qui défendaient la ville. Souvent les Français l'assaillirent, mais ils y gagnèrent peu. Alors Bertrand fit secrètement commencer une mine. Et ils travaillèrent tant, jour et nuit, que les mines se rencontrèrent. De cela, Bertrand sut bientôt les nouvelles, et il entra dans la mine, lui septième, pour conquérir la ville. D'autre part vinrent les Anglais et Navarrais à la rencontre des Français de la mine. Là les Français combattirent longuement les Anglais et Navarrais; mais à la fin les Anglais et Navarrais furent déconfits.

» Dans le Pont-d'Onne entra messire Bertrand, qui prit à sa merci messire Hugues de Calverly et les autres Anglais et Navarrais; mais ceux qui étaient Normands et avaient tenu le parti du roi de Navarre, eurent brièvement les têtes tranchées en la place du marché. »

C'était un acte de justice. Du Guesclin considérait les Normands comme rebelles au roi de France, leur roi, tandis que les Anglais et les Navarrais ne faisaient qu'obéir à leur souverain, le roi d'Angleterre et le roi de Navarre : de là cette différence de traitement.

A la suite de ces succès, Bertrand songea un instant à mettre le siège devant le château de Saint-Sauveur-le-Vicomte, un des boulevards de l'armée d'occupation dans le Cotentin : mais la Bretagne le réclamait impérieusement ; il fallut partir.

Les comtes de Blois et de Montfort continuaient à se disputer le malheureux duché. Vainement, après le traité de Brétigny, les rois de France et d'Angleterre avaient-ils essayé d'intervenir comme médiateurs entre Jean de Montfort et son rival ; la comtesse Jeanne de Penthièvre s'était opposée à toute pacification.

En 1363, les deux comtes avaient signé un traité de partage, aux termes duquel Charles de Blois devait avoir les comtés de Tréguier et de Cornouailles, avec Rennes pour capitale, tandis que Nantes et le reste de la Bretagne étaient assignés au comte de Montfort. Or, les reproches que la comtesse de Blois adressa à son mari lorsqu'il lui présenta ce traité déterminèrent ce prince à continuer la guerre.

« Monseigneur, lui dit-elle, je vous avais pris pour défendre mon héritage, et non pour en céder la moitié. Je ne suis qu'une femme, mais je perdrais plutôt la vie, et deux si je les avais, que de consentir à une pareille cession. »

Ces paroles décidèrent Charles de Blois à rentrer en campagne. Lorsque, partant de Nantes pour diriger l'expédition, il vint faire ses adieux à la comtesse Jeanne, celle-ci lui dit encore :

« Monseigneur, vous allez défendre mon héritage et le vôtre, lequel messire Jean de Montfort nous empêche, à tort et sans cause. Ce sait DIEU, et les barons de Bretagne qui ici sont savent bien comment j'en suis droite héritière. Si vous prie chèrement que nulle ordonnance, ni composition d'accord, ni traité ne veuillez faire, que le corps de la duché ne nous demeure. »

Charles de Blois ne fut que trop fidèle à suivre ces exhortations, et la guerre, un moment suspendue, recommença de part et d'autre avec une égale énergie.

Le comte de Montfort assiégeait alors la ville d'Auray avec ses troupes et celles de l'Anglais Jean Chandos. Ayant appris que du Guesclin venait de rejoindre Charles de Blois avec un renfort de mille lances, il redouta d'en venir aux mains avec son ennemi.

Avantageusement posté sur une hauteur en arrière d'Auray, il résolut d'y attendre les attaques dont il était menacé.

Peu de jours après, le samedi 28 septembre 1364, les deux armées s'étant trouvées en présence, Montfort, qui craignait de confier la décision de ses intérêts aux chances d'une bataille, proposa de renouer les négociations dont les reproches de Jeanne de Penthièvre avaient causé la rupture, et Charles de Blois, qui était *moult doux* et *courtois*, aurait consenti à ce projet, si les paroles et les avis de sa femme ne lui fussent revenus en mémoire.

D'ailleurs, ses chevaliers le poussaient en avant. Feignant alors de ne voir dans la proposition de Jean de Montfort qu'un symptôme de découragement, il répondit par un refus au héraut d'armes qu'on lui avait envoyé, et se prépara à la bataille.

Son armée, partagée en trois corps de mille hommes chacun, appuyée sur une arrière-garde, avait ordre de combattre en invoquant le nom du Seigneur et celui de saint Yves.

« Les Français, dit Froissart, étaient si serrés et si joints, qu'on n'eût pu jeter une pomme, qu'elle ne tombât sur un bassinet ou sur une lance ; chaque homme d'armes portait son glaive droit devant lui, retaillé à la mesure de cinq pieds, et une hache forte, dure, bien acérée, à petit manche, à son côté et sur son col ; et s'en venaient ainsi tout bellement le pas, chacun sire entre ses gens, et sa bannière devant lui ou son pennon, avisé de ce qu'il allait faire. »

Cette description est plutôt un lieu commun de roman de chevalerie que la peinture exacte d'une armée rangée en bataille ; mais il faut passer beaucoup de détails de ce genre à l'imagination du bon Froissart.

Ce qui paraît certain, c'est que l'armée anglaise, commandée par Chandos, et qui se disposait à combattre pour le comte de

Montfort, égalait à peine en nombre la moitié de la petite armée de Charles de Blois. On voit que ces luttes homériques, dont le souvenir est demeuré populaire en Bretagne, ne coûtaient pas beaucoup de sang.

Du côté de Charles de Blois, du Guesclin, le comte d'Auxerre et son frère, Louis de Châlons, dit le Chevalier Vert, commandaient les trois corps de bataille ; il y avait en outre un corps de réserve qui marchait sous les ordres du maréchal de Rieux.

La disposition de l'armée ennemie était à peu près la même. On n'y comptait que seize cents hommes d'armes ; mais il y avait en outre un grand nombre de ces vaillants archers des communes d'Angleterre qui se servaient d'un arc fait d'un bâton de houx de six pieds de longueur et de deux pouces d'épaisseur, et dont les flèches, à cent pas de distance, allaient atteindre infailliblement le but qu'ils s'étaient fixé.

Le comte de Montfort, Jean Chandos et le sire de Clisson commandaient le centre et les ailes de cette armée.

Vers le soir du même samedi, le Breton Henri de Kergoët préluda aux nobles faits d'armes du lendemain en désarçonnant un chevalier anglais qui l'avait défié, et auquel il rendit son destrier, sa lance et son armure, afin qu'il pût s'en servir pendant la bataille.

Ces actes chevaleresques n'excluaient pas, il faut le dire, de la part des deux armées, des dispositions implacables, qu'une longue lutte de vingt-trois ans avait exaltées au plus haut degré.

En effet, Froissart nous apprend que les seigneurs bretons de l'un et l'autre parti avaient résolu, « si on venait au-dessus de la bataille, que messire Charles de Blois fût trouvé en place, on ne le devait point prendre à nulle rançon, mais occire ; et ainsi, en cas semblable, les Français et les Bretons en avaient

Fac-similé d'une gravure sur bois des chroniques de Bretagne,
par Alain Bouchard.

ordonné de messire Jean de Montfort ; car en ce jour-là ils voulaient avoir fin de bataille et de guerre. »

Le 29 septembre, jour de dimanche, la bataille étant au moment de s'engager, Jean Chandos considéra avec attention l'ordonnance des Français, « laquelle en soi-même il prisait durement. » Puis il dit, avec le pressentiment des difficultés de la journée :

« Que Dieu m'aide comme il est vrai que cy il y a fleur de chevalerie, grand sens et bonne ordonnance ! »

Cependant du Guesclin n'était point rassuré par l'avantage du nombre ; il se faisait une juste idée des forces de l'ennemi, et ne voulait pas l'attaquer dans ses positions.

« Alors, dit la chronique, comme les mains démangeaient aux deux camps, et que l'émulation des deux nations ne leur donnait point la patience d'attendre l'ordre de leurs généraux, il se fit quelques escarmouches de part et d'autre. »

Un peu plus loin, le même annaliste ajoute : « On se battait de part et d'autre avec beaucoup de fureur. Olivier de Clisson, dont le courage et la valeur étaient singuliers, donnait un grand branle au parti du comte de Montfort, s'avançant avec une intrépidité surprenante au milieu des rangs des Français, la hache à la main, dont il faisait une terrible exécution sur ceux qu'il frappait.

» Bertrand, qui combattait pour Charles, vit de loin l'un de ses amis tomber sous le bras de Clisson, ce qui lui donna tant de rage et tant de furie, qu'il s'élança comme un lion déchaîné tout au travers des Anglais, suivi de Guillaume Boitel, du Vert Chevalier, d'Eustache de la Houssaye et de Guillaume de Launay. Ce fut là que, secondé de tous ces braves, il faisait un carnage horrible de tout ce qui se présentait sous sa main. De l'autre côté, Robert Knolles et Jean Chandos, qui tenaient pour Montfort, payèrent aussi très bien de leurs personnes.

» Le comte d'Auxerre faisait, de son côté, des merveilles en faveur de Charles ; mais il arriva par malheur qu'un chevalier anglais, lui passant son épée tout au travers de la visière, lui perça l'œil gauche ; et comme, se voyant hors de combat, il se mettait en devoir de se retirer, il fut saisi par un autre qui l'arrêta tout court, et qui, le reconnaissant, lui cria de se rendre aussitôt, ou qu'il était mort.

» Le comte, que le sang qui sortait de sa blessure avec abondance mettait tout à fait hors d'œuvre, jusque-là même que les gouttes dont son œil était tout rempli ne lui permettaient pas de voir celui qui lui parlait, prit le parti de lui rendre son épée plutôt que de commettre indiscrètement sa vie à la fureur d'un brutal qui ne l'aurait pas marchandée.

» La prise d'un si grand capitaine consterna fort Charles de Blois, qui la regarda comme un triste préliminaire de cette journée.

» Cependant Bertrand, que rien n'était capable d'ébranler, marcha droit contre Clisson pour effacer par un nouveau combat la disgrâce qui venait d'arriver au comte d'Auxerre. Charles de Dinan s'attacha personnellement à Robert Knolles. Olivier de Mauny charpentait partout avec sa hache, dont il faisait voler têtes, bras et jambes, et donnait beaucoup de courage à ceux qui le suivaient en criant : *Mauny !*

» La bravoure de ce capitaine donna tant de peur au comte de Montfort, qu'il croyait déjà tout perdu pour lui, si Chandos ne l'eût rassuré, le priant de ne point tomber dans le découragement, et lui promettant que la journée serait immanquablement à lui. Robert Knolles prit aussi la liberté de lui donner la même espérance, en l'exhortant de ne se point démentir et de se soutenir jusqu'au bout. »

En ce moment, l'armée entière de Charles de Blois avait franchi le ruisseau qui séparait les deux camps, et le prince lui-même s'était jeté au plus fort de la mêlée. Ayant aperçu au milieu des rangs ennemis un chevalier qu'il prit pour son rival, à cause de sa cotte d'armes fourrée d'hermine, il piqua aussitôt à lui, l'étendit par terre d'un coup de lance, et, croyant avoir tué son principal adversaire : *Bretagne ! Bretagne !* s'écria-t-il, *or est mort icelui Montfort par qui j'ai été ainsi grevé.*

Cependant le véritable Montfort parut bientôt à la tête de son armée ; il ranima le courage de ses soldats, qui commençait à fléchir, et, vaillamment secondé par Robert Knolles, il releva sa bannière, que le chevalier Niest avait eu l'honneur d'abattre.

Dès lors le combat, où jusque-là les Français avaient eu l'avantage, changea de face.

Du Guesclin qui, armé d'un marteau de fer, écrasait tout ce qui se trouvait sur son passage, se vit entouré par les gens de Chandos, qui, le frappant tous ensemble de vingt coups à la fois, parvinrent à le faire tomber de cheval. Secouru par Eustache de la Houssaye, Louis de Châlons, Charles de Dinan et le maréchal de Beaumanoir, il parvint à se relever. Mais pendant ce temps Clisson, avec le corps de troupe qu'il commandait, s'était jeté sur la tête de l'armée gallo-bretonne, et, par son choc imprévu, y avait mis le désordre et la confusion.

Charles de Blois, séparé des siens et entouré par un gros d'ennemis, avait été forcé de se rendre, et ceux qui l'avaient fait prisonnier le conduisaient hors de la mêlée, quand un soldat anglais lui plongea son épée dans la gorge. Dès qu'il se sentit

---

1. *Anciens Mémoires de du Guesclin.* — Collection Petitot.

mortellement blessé, le bon duc s'agenouilla, se frappa la poitrine, et « se commanda à Dieu en disant : *Vrai Dieu, pardonnez-moi la mort des bonnes gens qui ici meurent pour moi.*» On ne lui laissa pas le loisir d'en dire davantage, car il fut percé de tant de coups qu'il expira sur-le-champ.

Ainsi mourut Charles de Blois, ce capitaine qui portait un cilice sous sa cuirasse et n'en était que plus intrépide (1).

---

1. Un historien, M. Laurentie, donne sur la mort de Charles de Blois des détails plus circonstanciés, empruntés aux conteurs contemporains.

« Tout l'effort des Anglais, dit-il, se tourna vers Charles de Blois, presque seul, mais *merveilles faisant d'armes,*et de sa hache abattant tout ce qui l'osait approcher. Enfin il se trouva accablé par la multitude, et il tomba comme mort, navré de plusieurs coups. En même temps, du Guesclin était enveloppé par des flots de combattants, et, percé de plusieurs blessures, il rendait ses armes. Il avait vu tomber le duc, et « ne demandez mie le deuil qu'il fit. » Dès lors la bataille ne fut plus qu'une déroute.

Mais il restait une affreuse tragédie à consommer. Après la bataille, un écuyer, allant parmi les morts, trouva Charles de Blois respirant encore. On l'emmena demi-mort au comte de Montfort. « Sire Charles de Blois, dit le vainqueur, bien as su et sais qu'en la duché de Bretagne n'as aucun droit ni des armes ni de lignage. Pourquoi moi je te requiers que du tout renonces à la duché, et les villes et les châteaux qui sont en ton obéissance me veuilles rendre et livrer, sans jamais y rien demander ; et sache que par autre voie ne peux échapper ; sinon tu mourras ici bien prochainement, car tu peux voir et connaître que tu es au-dessous. »

A ces paroles, le duc mourant reprit des forces et dit simplement l'histoire de sa famille et de son droit. Ce fut un admirable et touchant plaidoyer ; mais il ne pouvait convaincre le vainqueur. Le duc termina en ces termes : « Tu peux voir par quelle raison tu as eu la duché, et bien sais que tu me fais outrage, toi qui me requiers de quitter ce qui n'est pas mien ; car bien sais que à ma femme et à mes enfants appartient, et ce qui est à autrui, ne puis donner. »

Telle fut la défense de l'infortuné. La suite fut atroce.

A ces paroles, continue la chronique, le comte de Montfort appela Bertrand Lazenat, « auquel il commanda que le duc occît ; lequel, en accomplissant le vouloir du comte, frappa le duc d'une dague par la gorge, et l'occit. »

Les historiens ont presque tous raconté que Charles de Blois avait été tué à la bataille d'Auray ; et même Froissart raconte que Montfort alla le voir sur le champ de bataille, et *pleura sur lui comme sur un frère d'armes ;* mais il est difficile

Tandis qu'il succombait avec gloire, le visage tourné vers l'ennemi, les trois divisions anglaises réunissaient leurs efforts contre du Guesclin, et le héros, accablé par le nombre et renversé par terre, se vit bientôt hors d'état de résister.

« Lors Bertrand dit qu'il ne prisait rien en sa vie, qu'il aimait mieux mourir que vivre, et combattit comme un droit ennemy, tant qu'il n'eut mais ni hache ni épée. »

A la fin il tomba au pouvoir de Jean Chandos. Cet événement compléta la victoire du comte de Montfort et la défaite du parti breton. « Sire, dit Chandos à Jean de Montfort, le soir même de la bataille d'Auray, louez Dieu et faites bonne chère, car vous avez aujourd'hui conquis l'héritage de Bretagne. » Il ne se trompait pas.

---

de ne pas ajouter foi à la minutie des détails qui, dans la *Chronique de du Guesclin*, racontent cet horrible drame.

Lorsque le duc eut ainsi expiré sous la dague de ce Bertrand Lazenat, sorte de bourreau du comte de Montfort, il fut dépouillé par les varlets, qui trouvèrent sous son vêtement une haire.

Puis un Frère Mineur, nommé Frère Raoul de Corgaignolles, « un des plus forts hommes que l'on sût, » dit le chroniqueur, chargea le cadavre sur ses épaules et l'emporta comme une sainte relique pour le faire enterrer à Guingamp, dans l'église de son Ordre.

Charles de Blois avait déjà une grande renommée de vertu. Dès ce moment, il passa pour saint. Le jugement de l'ancienne histoire mérite d'être reproduit : « En XVIII batailles fut le duc Charles en son vivant, dit la naïve chronique de du Guesclin, dont les XVI il obtint... Ce duc Charles fut le plus beau chevalier de France, et le mieux entaiché de vaillance, car de chevalerie faisait ce qu'il appartenait à prince, et n'eut oncques bataille que à la première ne voulût être, et souvent s'offrait à ses ennemis. Joli fut plus que nul autre toute sa vie, et de faire chansons et l'air s'ébattait souvent ; mais sainte vie menait secrètement. »

Telle fut la fin de ce prince, que sa femme aventura dans les guerres sans lui permettre aucune transaction.

Cette victoire de Montfort, due à la fortune de Jean Chandos, décidait de la fortune de la Bretagne. L'Angleterre s'en réjouit ; la France s'en attrista. La

Chandos entoura du Guesclin captif des preuves les moins équivoques de son estime et de son respect. C'étaient deux hommes faits pour se comprendre, deux soldats aimant la guerre d'une passion généreuse, se connaissant de vieille date pour s'être vus à l'œuvre chacun de son côté.

Naturellement Chandos voulait un haut prix de son captif.

Nous avons sous les yeux sa lettre au roi de France, traitant de la rançon de du Guesclin, et cette lettre est d'un brave homme.

Sur les cent mille francs qu'il a demandés (somme énorme pour le temps), Chandos a reçu quelques avances :

« Mon très honoré et redouté seigneur, écrit-il au roi Charles V, vous savez, s'il vous plaît, comme dernièrement

---

Bretagne pouvait redevenir un foyer de guerres sanglantes. Le roi Charles courut en avant des périls par des négociations. Il fallait abandonner la cause de la comtesse de Penthièvre et de son fils, Jean de Bretagne, depuis longtemps ôtage en Angleterre. On réserva le droit de la France. Le comte de Montfort fut reconnu duc à la condition qu'il ferait hommage au roi. On échappait ainsi à la suzeraineté de l'Angleterre. Jeanne, comtesse de Penthièvre, conserva son titre de duchesse, avec ses terres propres et la vicomté de Limoges, et on prévit le cas où, Montfort mourant sans enfants, Jean de Bretagne lui succéderait au duché. » — *Histoire de France*, t. III, p. 65 et suiv.

Rappelons maintenant une anecdote peu connue, et que longtemps le peuple breton raconta à ses enfants.

Charles de Blois possédait un magnifique lévrier blanc dont il ne se séparait jamais. Jusqu'au jour de la bataille d'Auray, ce bel animal lui avait donné des preuves d'un attachement extrême. Au moment où le corps d'armée du comte de Blois vint attaquer le bataillon commandé par Chandos, au centre duquel était le jeune Montfort, le lévrier de Charles quitta son maître, prit son élan, évita les coups qui pleuvaient autour de lui comme une grêle serrée, arriva près de Jean de Montfort, lui posa ses deux pattes effilées sur les épaules, et lui prodigua les plus folles caresses. Courtisan de la fortune et du succès, ce chien, qui semblait doué d'une double vue, donna en ce moment un triste exemple de la versatilité des amis de cour. Cette leçon, comme bien d'autres, devait-elle profiter au vainqueur et à son brillant entourage ?

vous me deviez et étiez tenu faire paiement de vingt mille francs, demeurant de plus grande somme pour cause de Monseigneur Bertran, de laquelle somme je n'ai eu ni reçu que douze mille et cinq cents francs. »

Il ajoute que s'il presse ainsi le roi d'acquitter sa dette, c'est que lui-même, Chandos, il est obligé de payer à Aubert Jehan, « un de vos bourgeois, » mille francs pour son « aimé compagnon, Michel Dagworth. »

Faisant droit à cette requête, le roi de France ordonne à son trésorier qu'il ait à payer « notre ami et féal Jean Chandos, vicomte de Saint-Sauveur et connétable d'Aquitaine ; et gardez bien, ajoute-t-il, que en ce n'ait aucun défaut. »

Notons que le roi de France ne se trouva pas assez riche pour payer à lui seul cette somme qui lui rendait un capitaine dont la France ne pouvait se passer. Du Guesclin en paya sa bonne part ; ses économies y furent employées, et il rentra dans les armées aussi pauvre qu'il y était entré d'abord.

Un roi de France doué, comme Philippe de Valois et Jean Ier, d'une humeur batailleuse et d'un orgueil opiniâtre, eût peut-être cru de son honneur de rester fidèle à la cause du vaincu, et de reconnaître les droits des enfants de Charles de Blois. Charles V, habitué à accroître sa puissance, alors même qu'il cédait à la fortune contraire, se hâta de solliciter auprès du pape la canonisation du mort ; mais il eut soin de reconnaître Jean de Montfort comme duc légitime de Bretagne, se bornant à exiger de lui l'hommage féodal. Quant à Jeanne de Penthièvre, il la détermina à se contenter d'une rente de dix mille livres et de la vicomté de Limoges. Ainsi s'était terminée cette guerre de vingt-trois ans, que tant d'exploits chevaleresques avaient rendue célèbre, et dont les traditions ne sont point encore entièrement effacées de la mémoire des peuples de Bretagne.

Or, pendant que cette province se trouvait replacée sous la suzeraineté de la France, les partisans du roi de Navarre, au nord de la Loire, cédaient partout le terrain aux lieutenants des Valois. Ces événements ouvraient dignement le règne de

CHARLES V, DIT LE SAGE.

Charles V, et donnaient raison à sa politique.

Le traité de Guérande, qui pacifia la Bretagne, fut signé le 11 avril 1365, et ce ne fut qu'au mois de décembre 1366 que le duc Jean IV (l'ancien comte de Montfort) vint à Paris et fit hommage à Charles V.

Quant au roi de Navarre, dès le 6 mars 1365, grâce à l'intervention des deux reines douairières Jeanne et Blanche, l'une sa tante et l'autre sa sœur, il fut à son tour admis à faire sa paix avec le roi de France.

Par ce traité, Charles-le-Mauvais renonça aux seigneuries de Meulan, de Mantes et de Longueville, et obtint en échange, d'une part la seigneurie de Montpellier, d'autre part la restitution des anciens domaines qu'il avait perdus dans le comté d'Évreux. Quant à ses prétendus droits sur la Bourgogne, il déclara s'en remettre à l'arbitrage du pape. Le succès de la campagne entreprise par du Guesclin contre les Anglais, compromis en Bretagne par la défaite d'Auray, s'affirmait de jour en jour en France.

Néanmoins tout n'était pas fini, loin de là ! Au sortir de ces longues guerres, le royaume se trouvait la proie de tous les soldats et officiers de fortune. Ils s'étaient habitués à ne vivre que de leur épée, et maintenant que la guerre était finie, ils ne savaient plus quel emploi donner à leur courage. Ces bandits avaient fait de la guerre un gagne-pain. Des citadelles à renverser, des murailles à défendre, des batailles et des rencontres, — le pillage surtout, — tel était leur travail de chaque jour : facile et terrible travail suivi de longues débauches, abominable métier d'un soldat vénal qui ne se bat ni pour la gloire, ni pour l'honneur, ni pour le toit domestique, ni pour le vieillard, ni pour l'enfant au berceau, ni pour la mère éplorée, ni pour son prince, ni pour son Dieu, mais qui se bat et qui pille pour boire ensuite à satiété, et pour jouer aux dés toute la nuit et tout le jour.

Aussi longtemps que durait la guerre, ces gens-là avaient une valeur : on louait leurs bras à tant la bataille ; mais durant la paix, ils n'appartenaient plus à personne ; pas un seigneur n'en voulait, même pour rien ; alors ils devenaient l'effroi du laboureur : à leur approche, toute cité fermait ses portes, toute citadelle faisait entendre le cri d'alarme.

La société avait beau rentrer par la paix dans ses droits imprescriptibles, elle restait face à face avec ces brigands. Il en venait de partout, du Brabant et de la Flandre, de l'Angleterre et de l'Écosse, de la Normandie et de la Bretagne : rendez-vous bizarre d'hommes qui n'avaient de commun que la soif du pillage.

Ce n'était pas une bande, une armée. C'était ce qu'on appelait alors la *compagnie*. Chaque compagnie avait un chef, et le plus souvent le chef lui-même était ou un gentilhomme ruiné, ou le cadet de quelque grande famille ; les uns avaient leur fortune à refaire, les autres avaient à la faire.

Ces chefs ne sont pas, eux, des étrangers. Ce sont les mêmes hommes que nous avons rencontrés dans ces batailles à chaque instant renaissantes. Ce sont parfois les vaillants hommes que nous avons trouvés à la suite de du Guesclin en Normandie, en France, en Espagne, en Bretagne. On n'eût pas osé les licencier ; quant à les attaquer en bataille rangée, il n'y fallait pas songer : ils auraient battu l'armée royale !

Ils s'étaient établis dans le cœur de la France, à peu près comme les Normands de Tancrède dans le cœur de l'Italie, et l'on peut penser si le roi Charles V avait hâte de purger le royaume de cette écume. Ce fut l'œuvre de du Guesclin. Mais avant de le suivre en Espagne, où il finit par transformer les bandits en héros, mesurons les difficultés de sa tâche en rappelant en détail les principales calamités causées au royaume de France par la présence des *grandes compagnies*.

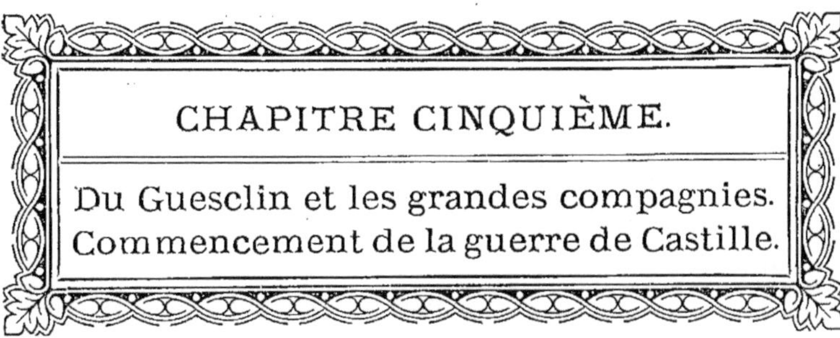

CHAPITRE CINQUIÈME.

Du Guesclin et les grandes compagnies. Commencement de la guerre de Castille.

Ans la France féodale, l'armée, ou, pour mieux dire, l'élément militaire, se composait de deux catégories d'hommes de guerre : d'une part les hommes d'armes dépendant du domaine direct de la couronne, et ceux que les grands vassaux étaient tenus de mener au roi sous peine de forfaiture ; de l'autre, les hommes libres pour qui la guerre était une profession, dont l'épée se vendait à quiconque voulait en payer l'usage, et que le souverain prenait temporairement à sa solde, sous des conditions déterminées.

Ces soudoyés ou soldats s'engageaient, soit directement avec le prince lui-même, soit avec des chevaliers auxquels on délivrait des commissions de capitaines, et qui se chargeaient eux-mêmes, moyennant un prix convenu, de l'équipement des hommes engagés au service de la couronne ; et comme, d'après le droit féodal, on ne pouvait obliger les vassaux et les arrière-vassaux qu'à un service annuel de quarante jours, il est évident que la véritable armée, lorsque la guerre était longue, devait se composer d'aventuriers soldés, d'hommes sans autres ressources que la paye ou le pillage.

Du jour où la guerre venait à cesser et où ces *condottieri* recevaient ordre de rentrer dans leurs foyers, ces bandes nombreuses d'hommes, sans pain et sans abri, recouraient, pour vivre, aux expédients qu'offrent la dévastation et l'incendie.

Les maux qu'ils firent souffrir au royaume sont à peine croyables.

Voici de navrants détails, donnés par le dernier historien de du Guesclin, sur les malheurs des contrées livrées à leur rapacité :

« Les compagnies ne reconnaissent aucun frein, pas même la religion. Elles profanent et pillent les sanctuaires aussi bien que les habitations des particuliers ; elles rançonnent sans aucun scrupule les moines, les curés et même les évêques. Un des amusements favoris de ces brigands est de boire dans les calices volés aux églises. Les Anglo-Navarrais de Creil obligèrent le prieuré de Saint-Leu, d'Esserent, et l'abbaye de Royaumont à se racheter du feu et du glaive. Au commencement de 1359, les religieux de Saint-Éloi-aux-Fontaines, en butte aux incursions des brigands de Mauconseil, cherchent un refuge dans les bois, cachent leurs chappes de soie dans des fours à chaux et sont réduits à vivre au jour le jour. Ces mêmes brigands, ayant fait prisonnier Gilles de Lorris, évêque de Noyon, le vendent au roi d'Angleterre, qui ne rend la liberté à ce prélat que moyennant mille écus d'or, cinquante marcs d'argent de Paris ouvrés et un bon coursier du prix de cent moutons d'or.

» L'abbaye de Notre-Dame-de-Beaupré, au diocèse de Beauvais, doit livrer deux tonneaux de vin à la garnison de La Hérelle, en échange d'un de ses moines.

» Cela n'empêche pas ces misérables d'observer, du moins dans quelques-unes de leurs forteresses, les pratiques extérieures de la religion. A Troissy en Champagne, par exemple, ils ont soin de se faire chanter la messe par le curé de Comblizy et d'Igny-le-Jard...

» Les gens des compagnies sont la terreur des mères, parce

qu'ils volent les enfants à dix lieues à la ronde pour s'en faire
des pages, sans même attendre qu'ils soient arrivés à l'adoles-
cence. Les actes mentionnent des petits garçons de dix ou
douze et même de huit ans, arrachés ainsi à leurs familles et
transportés parfois dans des pays lointains. A Massy, près de
Longjumeau, un des enfants de Crespin-Belle-Hure tombe
entre les mains des Anglais d'Amblainvillers, et son père
s'estime heureux de le racheter au prix de deux cents écus.

» Les rançons imposées par ces brigands à leurs victimes sont
parfois énormes. Richard d'Enfernet, de Vire, réduit en captivité par les Anglais d'Aulnay-sur-Odon, est taxé à neuf cent
vingt royaux d'argent comptant, à dix-huit aunes de drap,
à six barriques de vin, à certains plats d'une valeur de cinquante francs et à deux fourrures de nuance vair. Un simple
bourgeois de Clermont, Michel Amonis, pris vers le 1er novembre 1363 par des Bretons qui occupent dans le Bourbonnais
la forteresse des Barres, ne recouvre la liberté qu'en leur
payant trois mille deux cent quarante-huit florins d'or. Un
écuyer de Bourgogne, nommé Jean d'Ancy, est mis à rançon
jusqu'à quatre fois en quelques années. Ces saignées successives
ont tellement épuisé ses ressources, que, la quatrième fois, il
ne peu plus se racheter ; il se met alors au service de l'Anglais
qui l'a fait prisonnier...

» Les brigands n'ont aucune espèce d'égards pour les prisonniers qui tombent entre leurs mains. Pour les emporter dans
leurs forteresses, tantôt ils les chargent sur des chevaux et leur
lient les jambes par-dessous le ventre de ces chevaux, tantôt ils
les mènent en laisse comme des chiens.

» Un de leurs divertissements est de briser les dents des
paysans à coups de cailloux et de leur couper les poings. Jean
de Forges, chevalier, capitaine de Lingèvres, crève les yeux,

coupe le nez, les lèvres et le menton d'un vilain qui lui a fait quelque insulte. Il n'est pas de torture que les captifs des brigands n'aient à endurer, s'ils refusent de se mettre à rançon, ou d'acquitter la somme qu'on exige d'eux. Ici, ils ont deux ou trois pots de cuivre suspendus aux mains et autant de chaudrons attachés aux pieds, afin qu'ils ne puissent faire le moindre mouvement sans qu'on s'en aperçoive, et on leur tenaille les pouces avec des grésillons.

» Là, ils sont fouettés tout le jour, et la nuit on les enferme dans une armoire, ou encore on les coule, la tête en bas, au fond d'un sac, après leur avoir garrotté bras et jambes. Ailleurs, on les écrase sous des mortiers ou des enclumes énormes, qui les étouffent au point que l'écume leur sort par la bouche.

» Les gens des compagnies sont d'autant plus exigeants qu'ils ont soif de toutes les jouissances et veulent vivre comme de grands seigneurs.

» Au fond, c'est là leur unique passion et le principal mobile qui les fait agir. Dans leurs écuries, leur vaisselle, leur toilette, ils étalent un luxe insolent. Les aventuriers anglais qui occupent Bragelogne, en Champagne, n'ont pas moins de dix-sept chevaux. Ils détellent de la charrue les juments des paysans pour s'en faire des bêtes de somme; et les chefs ne sont contents que s'ils ont à la fois dans leurs écuries des destriers pour les combats et des palefrois pour les joutes.

» Chaque compagnie a ses maréchaux-ferrants, ses selliers, ses tanneurs, ses couturières et lessivières, ses chirurgiens et médecins. Certaines forteresses, celle de Creil, par exemple, sont pourvues de moulins à moudre le blé. Cependant, le plus souvent, les brigands exigent, comme les Anglais de la Ferté-sous-Jouarre, que les paysans leur apportent le pain tout cuit. Il n'est guère de forteresse qui n'ait aussi un certain nombre de brocanteurs chargés de revendre le produit du pillage, mobilier, grains et bestiaux... Les cuisiniers sont surtout recherchés. Trois Anglais, Guillaume Chipay, Henri Houst, Jean Travers, qui s'emparent vers le 15 juillet 1338 de la forteresse du prieuré d'Argenteuil, forcent un riche marchand de draps de Paris, leur captif, à faire leur cuisine. »

Du Guesclin n'avait pas attendu la fin de la guerre de Bretagne pour songer à débarrasser la France de ce fléau. Dans l'intervalle des grandes batailles livrées aux Anglais, aux Navarrais et aux Bretons de Jean de Montfort, il avait fait aux routiers une guerre sans merci. Ces combats partiels sans cesse renouvelés forment la partie la moins connue de son histoire, bien qu'ils aient contribué, plus que des exploits éclatants, à le rendre populaire parmi le peuple des campagnes. Seul, M. Siméon Luce a soulevé le voile qui recouvre cette partie de sa vie, et elle lui est apparue aussi belle et plus méritoire peut-être que celle qu'ont célébrée les annalistes.

Il n'entre pas dans notre plan de faire assister le lecteur à ces innombrables rencontres dans lesquelles du Guesclin s'efforce de barrer le passage à ces bandes de pillards. Disons seulement qu'il trouva parfois dans les chefs de compagnies des adversaires redoutables, et qu'une fois au moins la fortune trahit son courage dans les engagements qu'il eut avec eux.

C'était vers la fin de 1360. Il se rencontra au passage de la Sarthe avec un des chefs de bandes les plus justement redoutés des paysans, l'Anglais Hugues de Calverly.

Un chroniqueur contemporain nous a laissé de ce personnage un portrait qui rappelle la physionomie de Gargantua. D'une taille gigantesque, les pommettes saillantes, la face enluminée, l'œil farouche et les dents si longues qu'on ne peut les voir sans penser aux défenses d'un sanglier, Hugues est renommé dans son propre pays par ses orgies de boissons fermentées et de viandes saignantes. En France, il rançonne impitoyablement les pauvres paysans, qui doivent faire les frais de ses festins homériques. Avec cela, brave au combat, et doué d'un sang-froid et d'une audace qui font reculer les plus intrépides.

C'est cet hercule malfaisant qui vint un jour offrir le combat à du Guesclin. Une lutte acharnée s'engage. « Les Français, au nombre de quatorze cents combattants, ont d'abord le dessus, mais ils se laissent tourner par les Anglais, qui les viennent attaquer par derrière. Le désordre se met alors dans leurs rangs. Guillaume de Craon et bien quatre-vingts hommes d'armes lâchent pied au milieu de l'action et quittent précipitamment le champ de bataille. Cette défection décide du sort de la journée. Privé d'une partie notable de ses forces au moment où il en a le plus besoin, du Guesclin a beau redoubler d'efforts pour ressaisir la victoire qui lui échappe ; trois cents des siens périssent à ses côtés ou tombent aux mains de l'ennemi. Il est bientôt cerné lui-même de toutes parts par un gros d'Anglais, qui se contentent de parer ses coups et épargnent à dessein une si riche proie. « Rendez-vous ! rendez-vous ! » lui crie Hugues en faisant claquer ses dents de fauve. Bertrand voit que toute résistance est désormais inutile, et, frémissant de rage contenue, il tend son épée à Calverly (1). »

L'Anglais n'exigea pas moins de trente mille écus pour sa rançon.

Nous avons cité cet épisode pour montrer que ces années obscures, qui ont échappé à l'attention des historiens, furent pour Bertrand des années laborieuses et fécondes. Mais il est temps de reprendre notre récit au point où les événements

---

1. Siméon Luce, *Histoire de Bertrand du Guesclin et de son époque*, p. 310.

nous ont amené, c'est-à-dire à la fin de la guerre de la succession de Bretagne.

La paix, successivement conclue avec l'Angleterre, la Bretagne et la Navarre, avait, nous l'avons vu, considérablement multiplié ces bandes féroces, qui, sous les noms de grandes compagnies, de tard-venus, de routiers et de malandrins, ne cessaient de désoler le royaume.

On ne pouvait songer à les détruire par la force ; il eût fallu leur opposer une armée et comme elle eût été composée de gens de la même espèce, elle eût offert à son tour les mêmes inconvénients quand on n'aurait plus eu besoin de ses services. D'ailleurs, il eût fallu des subsides, et comment en lever sur un peuple accablé par tant de misères ? On aurait peut-être réussi à former une armée avec la chevalerie et les milices bourgeoises, mais qu'auraient pu des milices peu aguerries contre ces troupes redoutables ?

Le souvenir de la journée de Brignais, où, sous le règne du roi Jean, Jacques de Bourbon, le comte d'Uzès et plus de cent chevaliers avaient été tués, n'encourageait pas à tenter ce moyen, que la question des subsides eût également rendu impraticable.

Charles V chercha donc un expédient pour éloigner les brigands du territoire français. De concert avec le pape Urbain V, il essaya d'abord d'engager les chefs de bandes à entrer au service du roi de Hongrie, qui les emploierait à combattre les Turcs.

Le Pape, le roi, et même le prince de Galles, promettaient de leur fournir l'argent nécessaire et tous les moyens de faciliter leur transport. Ils délibérèrent sur ces offres, qu'ils refusèrent, ne voulant pas s'exposer aux périls d'un si long voyage.

Le projet de les faire embarquer pour une croisade, que le roi de Chypre sollicitait depuis longtemps, n'eut pas un succès plus heureux. Cependant le mal, loin de diminuer, empirait de jour en jour.

Ce n'étaient plus seulement des voleurs et des aventuriers qui composaient ces bandes ; on les voyait incessamment s'accroître par l'arrivée d'une infinité de chevaliers, de gentilshommes et même de seigneurs de distinction, la plupart, il est vrai, cadets de famille et sans patrimoine, et qui, se trouvant réduits à l'inaction par la paix, venaient chercher une occupation conforme à leurs habitudes, sans être retenus par le préjugé du rang ou de la naissance.

Ainsi l'on comptait parmi les principaux chefs de ces bandes le Chevalier Vert, père du comte d'Auxerre, que nous avons vu figurer honorablement à la bataille d'Auray, Perdiccas d'Albret, Matthieu de Gournay, Gauthier Huet, Mandoz de Bagerant, Le Bourg-Camus, Le Bourg de l'Esparre, Jean de Braines, et une foule d'autres, tous chevaliers et s'étant signalés dans les dernières guerres par des exploits aventureux et des faits d'armes qui ne permettaient pas de mépriser de pareils ennemis, lorsqu'i s'agissait de mettre un terme à leurs désordres.

Charles V, nous l'avons vu, voulait à tout prix en délivrer le royaume. A cet effet, il confia à du Guesclin le soin d'ouvrir avec eux des négociations, de proposer un but à leurs convoitises et de les conduire, s'il était possible, hors de France, à la poursuite de quelque entreprise d'éclat.

Muni d'un sauf-conduit, le hardi chevalier se rendit au camp principal des grandes compagnies, dont les chefs s'étaient réunis à Chalon-sur-Saône, et il délibéra avec eux sur les moyens de donner un emploi utile à leur activité. Voici à peu près, d'après un chroniqueur du temps, le discours qu'il leur tint :

« La plupart d'entre vous ont été mes compagnons, vous êtes tous mes amis. Vous n'êtes point faits pour ravager et ruiner des provinces, mais pour les conquérir et les conserver. Je sais où la nécessité peut porter les plus vaillants hommes. Je viens vous donner les moyens, en subsistant avec honneur, de combattre avec gloire. L'Espagne presque entière gémit sous le fer des Sarrasins ; vous aimerez mieux être les libérateurs d'un grand peuple que de ruiner une nation entière. Au reste, pour vous aider à faire voyage, le roi vous fait présent de 200,000 florins d'or. Nous trouverons peut-être quelqu'un sur la route qui nous en donnera autant, car je prétends être du voyage avec mes amis. Nous avons assez fait pour damner nos âmes : vous pouvez même vous vanter d'avoir fait plus que moi ; maintenant faisons honneur à Dieu, et le diable laissons. »

Ce langage, habile autant qu'énergique, était de nature à émouvoir des âmes rudes au fond desquelles l'amour du bien n'était point complètement effacé. De part et d'autre on convint, moyennant l'or du roi et l'absolution du Pape, qu'on irait en Espagne.

C'était presque entreprendre une croisade. Il y avait à châtier dans ce pays un ennemi de la France, un allié de l'Angleterre, don Pèdre ou Pierre le Cruel, roi de Castille, l'assassin de sa propre femme, Jeanne de Bourbon, l'arrière-petite-fille de saint Louis et la belle-sœur de Charles V.

Blanche avait été tuée en 1361, il y avait déjà six ans. Cette guerre de Castille était belle autant qu'utile. La France, dans cette invasion qui transportait les grandes compagnies hors du royaume, pouvait compter sur l'alliance du propre frère de don Pèdre, don Henri de Transtamare.

Chassé par son frère, celui-ci s'était retiré à la cour de

France, où il s'était lié d'amitié avec les plus nobles maisons. Le roi Jean l'aimait pour son courage. Le jeune prince était à la bataille de Poitiers, et il n'avait quitté la France que pour

AVIGNON. — LE PALAIS DES PAPES.

aller au secours du royaume d'Aragon envahi par don Pèdre. Donc le pays était nouveau, la cause était juste, populaire, l'heure bien choisie pour délivrer la France de ces bandes de *tard-venus* que la paix de Brétigny avait repoussés de l'Ile de

France, de la Normandie, de la Bretagne, de l'Aquitaine, pour les rejeter dans le Berry, dans le Limousin et dans les terres du Pape.

Les chefs des compagnies ont donc accueilli avec enthousiasme la proposition de du Guesclin. Partout où le bon chevalier les voudra conduire, ils iront : ils ont prêté le serment avec leurs soldats, au nombre d'environ trente mille.

Ces bandits sont fiers de leur nouvelle mission. L'imprévu les anime et les pousse ; leurs capitaines s'estiment heureux de servir le roi de France et de combattre sous du Guesclin ; de chefs de bandes qu'ils étaient naguère, ils redeviennent bons et loyaux gentilshommes.

Dès qu'on apprit cette étrange expédition, un grand nombre de nobles et de jeunes chevaliers vinrent se joindre à du Guesclin et s'incorporer aux grandes compagnies. Parmi eux figuraient Olivier et Guillaume du Guesclin, frères de Bertrand, les sires de Montauban, de Dinan, de Coëtquen, de Beaumont, Bertrand de Matignon, et avec eux Léon de Montfort, Alain de Liscouët, et divers autres gentilshommes bretons, français et flamands, dont l'énumération serait trop longue.

Lorsque ces bandes armées s'approchèrent d'Avignon, un cardinal vint au-devant d'elles de la part du Pape, et s'enquit de leurs intentions :

« Messire, lui répondit le maréchal d'Audrehem, nous nous trouvons à la tête de gens qui ont fait de grands maux en France ; nous les menons contre les Sarrasins de Grenade, et nous supplions le Saint-Père, qui est le lieutenant de Dieu, qu'avant toutes choses il nous donne l'absolution de nos péchés et nous fasse délivrer deux cent mille florins pour notre voyage. »

Le cardinal fit observer qu'il était bien au pouvoir du Pape d'absoudre des pécheurs repentants, mais que, ses caisses étant presque vides, il ne pouvait répondre de leur donner de l'argent. A quoi du Guesclin, prenant la parole, repartit :

« Messire, il ne faut point refuser la demande du maréchal. Nous avons ici des gens qui se passeront trop volontiers de l'absolution, mais qui ne peuvent se passer d'argent. Nous tâchons de les faire gens de bien malgré eux ; nous les menons en exil afin qu'ils ne fassent plus de mal aux chrétiens, et comme nous ne pouvons les contenir sans argent, il faut que le Saint-Père nous aide... »

Du Guesclin n'entendait rien aux ménagements de la diplomatie et renonçait difficilement à sa brusquerie d'homme de guerre. Cette sommation armée choqua Urbain V, qui fit fermer les portes d'Avignon, et donna ordre aux milices de la ville d'en défendre l'entrée contre les grandes compagnies.

Alors les bandes encore indisciplinées se mirent à ravager et à piller la campagne ; et le Pape, pour en délivrer ses peuples, consentit à vider son trésor entre leurs mains.

D'Avignon les compagnies se dirigèrent sur Montpellier, où elles attendirent tout ce qui restait de routiers dans les diverses provinces

Le 3 décembre enfin, fortes d'environ quarante mille combattants, elles s'avancèrent vers les Pyrénées-Orientales, les franchirent malgré la rigueur de la saison, et descendirent en Catalogne, de l'aveu du roi d'Aragon, ennemi de Pierre le Cruel et allié du roi de France, et de Henri de Transtamare.

Cette guerre de Castille montre du Guesclin dans le plus vif éclat du commandement militaire. Il y déploya courage et génie. Il créait un art nouveau. Cette armée, formée par lui, dont il était l'âme et le chef, apprenait à son école les plus rares et les plus difficiles secrets de la guerre : soit qu'il s'agît de prendre une ville ou de la défendre, de renverser un rempart ou de l'élever si haut que nul ne pût l'atteindre ; ou bien de se battre en bataille rangée, ou même, en certains cas, pour déjouer les prévisions de l'ennemi, d'arriver par sauts et par bonds, à la façon d'une bande de pillards.

Après avoir fait ses soldats obéissants, du Guesclin les fit riches ; car, nous l'avons vu par l'exemple des seigneurs les plus braves et les plus qualifiés, la guerre, en ce temps-là, peut et doit enrichir son homme ; la ville prise est livrée au pillage, le captif paye sa rançon. Si l'armée fait un roi (et ce fut le cas dans cette expédition), le nouveau roi paye sa bienvenue sur le trône que les soldats lui donnent.

Nous croyons que le lecteur parcourra avec intérêt le pittoresque récit d'un chroniqueur qui a raconté avec détail les premiers événements de cette guerre.

« Bertrand amena tout d'abord ses troupes devant Marguillon (Magalon), où il y a une ville et un château fort bien assis sur l'entrée du royaume ; et là, en réclamant la terre, Henri prit le nom de roi et assiégea la ville.

» Le lendemain, il fit de tel effort assaillir la ville, qu'elle fut prise en peu d'heures. Bertrand fit emprisonner plusieurs riches Juifs, et il séjourna dans Marguillon pendant deux journées.

» Au troisième jour, ils vinrent devant Navarette, où il y a forte ville et château bien assis. Il fit âprement assaillir le château, et ceux qui étaient dedans se défendirent courageusement ; mais à la fin ils se rendirent à Henri et à Bertrand. Et là furent occis tous les Juifs et Sarrasins qui étaient dedans. A Navarette séjournèrent le roi Henri et Bertrand du Guesclin, et Henri donna à Bertrand la ville et le comté.

» Le roi Henri et Bertrand partirent de Navarette et tinrent leur chemin droit à Briviesca, où il y a ville forte et bien close de double muraille bien sûre, et à l'un des bouts un fort château.

» Pour assaillir la ville, messire Bertrand ordonna que Hugues de Calverly (son ancien adversaire) et la chevalerie anglaise, d'un côté, donneraient l'assaut, et le roi Henri et les Espagnols, d'autre part. Là commença l'assaut fort et merveilleux, et, d'autre part, grandement se défendirent ceux de Briviesca. Et il advint que, durant l'assaut, Bertrand dit aux Français que dans Briviesca étaient entrés les Anglais, qui n'étaient pas encore descendus aux fossés.

» Quand les Français entendirent ces mots, en eux il n'y eut que courroux, car ils croyaient bien sire Bertrand. Alors ils renforcèrent l'assaut, et de telle vertu, qu'ils entrèrent dans Briviesca, jusques au milieu de la ville, avant que les Anglais fussent au pied des murs. Ainsi fut prise Briviesca, où il y avait beaucoup de richesses. Et Bertrand fit occire tous les Juifs et Sarrasins qui étaient dedans : mais les chrétiens furent reçus à merci.

» Quand ceux du château virent que la ville était prise, ils rendirent le château à Bertrand, et leurs corps et biens à sa merci, lesquels il reçut fort débonnairement, et il fit bien garnir le château.

» Pierre (le Cruel), qui était dans Burgos, sut bien les nouvelles de la prise de Briviesca. Et devant lui il manda les bourgeois de la ville, et il leur dit que parmi les bourgeois de Tolède étaient advenues de bien grandes discordes, et que pour les apaiser il lui fallait y aller, et qu'ils l'en avaient requis par leurs lettres. Ceux de Burgos s'aperçurent bien que, par crainte des Français, Pierre se voulait retirer. Là un bourgeois parla à Pierre fort hautement, lequel fut bien ouï de tous; il dit en cette manière :

« Sire roi, vous mettez votre royaume et vos sujets à voie de perdition et en grande douleur, vous qui savez la puissance des Français, qu'Henri et Bertrand doivent brièvement amener ici pour assiéger la ville. Et, Sire, vous plaît-il de laisser en ce chemin votre ville royale et le chef-lieu de votre royaume sans pasteur ? On sait bien que depuis Charlemagne, le grand roi puissant qui valut tant, et qui, après la mort de Roland et des autres pairs de France qui furent occis en la déconfiture de Roncevaux, couronna le roi d'Espagne à Burgos, jamais les rois d'Espagne ne furent couronnés autre part qu'à Burgos. Pour Dieu ! Sire, ne nous laissez pas ainsi ! Car, seulement à cause de votre présence, un de nous vaudra plutôt dix que si vous alliez autre part. »

» Sur ces paroles, le roi Pierre songea, puis dit aux bourgeois :

« Amis, il est besoin que nous soyons brièvement à Tolède ; et nous sommes bien assurés de notre ville de Burgos, qui est bien garnie de bonnes gens pour résister aux Français ; et d'autre part, nous ferons telle assemblée à Tolède que si, dans notre royaume, Henri et Bertrand font long séjour, nous les combattrons. »

» Ainsi Pierre partit de Burgos et s'en alla à Tolède, où il fut bien reçu. Bertrand sut le départ de Pierre, et vint par devers le roi Henri et le comte de la Marche, et leur dit qu'il n'y avait plus à s'arrêter, si ce n'est que d'aller vivement devant Burgos, d'où Pierre s'était enfui.

» Le lendemain bien matin, partirent de Briviesca : Henri, le comte de la Marche et Bertrand, le maréchal d'Audrehem et tous les autres capitaines français et anglais. Et ils chevauchèrent tant avec leurs troupes qu'ils approchèrent Burgos.

» Ceux de Burgos furent en grand émoi à cause de l'arrivée des Français. Pour cela, les bourgeois s'assemblèrent et s'en allèrent par devant l'évêque requérir conseil, lequel évêque parla aux bourgeois en cette manière :

« Mes enfants, il est vrai que je suis votre père spirituel, et quant à vous conseiller selon mon avis, je dois le faire loyalement. Or vous savez que Pierre, qui règne maintenant, tient la place de Henri, qui, de droit, devrait régner.

» Vous savez aussi comme Pierre est mécréant envers Dieu, et comme mauvaisement il a fait meurtrir sa femme, qui était du haut et saint lignage de France, et la meilleure et plus sainte dame qui fût en vie. En peu de mots, je conseillerais que nous reçussions Henri, qui doit être notre droit seigneur. Et même vous voyez comment Pierre vous a ici laissés. Et au-dessus de tout, vous savez assez comme il est haï de tous par le royaume : car jamais il ne maintient justice, ni de lui nous ne pouvons avoir secours ; et vous pouvez bien savoir que, pour l'amour de la bonne reine, secours de guerre ne vous manquera pas de son haut lignage tant que Pierre sera vivant. Et par son lignage cette guerre vous est survenue. Vous en pouvez donc faire ce que vous en donnera Dieu en volonté et conseil. »

» Tous les bourgeois se tinrent au conseil de l'évêque, mais les Juifs le contredirent. Alors la ville s'arma, et ils occirent les Juifs et les Sarrasins. Après le meurtre des Juifs, l'évêque et les bourgeois de Burgos, tous vêtus de livrées, et qui devant eux faisaient porter huit lances (à chacune des huit lances était pendue une des clefs des huit portes de Burgos), rencontrèrent sur le chemin de Briviesca, à deux lieues de Burgos, Henri, le comte de la Marche, messire Bertrand et la chevalerie, qui tantôt descendirent devant la croix, que l'on portait processionnellement. Et ceux de Burgos apportèrent révéremment les clefs à Henri, qui les reçut débonnairement. Et à l'entrée de la cité, il jura de les maintenir en leurs franchises et libertés, tout ainsi que fit en son temps le bon roi Olivier, fils du roi Léon d'Espagne. Ainsi entrèrent dans Burgos Henri le roi d'Espagne, le comte de la Marche, messire Bertrand du Guesclin et la chevalerie, qui honorablement y furent reçus.

» En ce temps, la femme d'Henri était en un château sur la sortie d'Aragon, près de l'entrée d'Espagne, pour toujours apprendre nouvelles de son seigneur.

» Un soir, Bertrand dit à Henri, en la présence du comte de la Marche, du sire de Beaujeu, du maréchal d'Audrehem et de toute la chevalerie :

« Sire, vous êtes dans Burgos, grâce à Notre-Seigneur et à la chevalerie qui est ici. Toujours je vous avais promis que je vous ferais couronner roi d'Espagne. Et vous en avez bien l'occasion à présent, s'il vous plaît, car dans Burgos où vous êtes, ont été et sont toujours couronnés les rois d'Espagne ; et d'autre part, de jour en jour se rendent à vous villes et châteaux, tellement que, Dieu merci, la plus grande partie est aujourd'hui à votre commandement et obéissance. Et au plaisir de Notre-Seigneur, vous aurez bientôt le surplus de votre commandement. Pour cela, et pour acquitter ma promesse, je vous veux requérir que vous vous fassiez couronner, vous et madame votre femme, qui doit bien y avoir sa part. »

» Avant tous parla le comte de la Marche, qui était le plus noble homme, et qui de soi était chevalier habile et plein de grand'hardiesse, et il dit à Henri :

« Sire, loyalement vous conseille Bertrand ; je conseillerais donc que vous fissiez mander la dame. »

» A cela s'accorda Henri, qui manda sa femme, et elle vint

CATHÉDRALE DE BURGOS.

à grand arroi. Et de Burgos sortirent, pour aller à sa rencontre, le comte de la Marche, messire Bertrand, le sire de Beaujeu, le maréchal d'Audrehem, le Bègue de Vilaines, Hugues de Calverly, Eustache de la Houssaye, Sylvestre Bude, Thibaut du Pont, Onfroy de Cambrian et plusieurs autres, qui étaient bien nombrés à mille chevaliers de renom. Et à deux lieues de là ils rencontrèrent la reine, qui, aussitôt qu'elle les vit, fut fort réjouie. Et à l'approche, elle s'inclina fort devant eux, et fort les honora et remercia humblement.

» Et devant tous elle dit à Bertrand :

« Ami et seigneur, je puis bien dire que par vous la couronne d'Espagne est obtenue. »

» A l'entrée de Burgos, la reine descendit pour aller à pied jusques en l'église Notre-Dame, qui est la maîtresse église.

» Là descendirent le comte de la Marche et le maréchal d'Audrehem, qui, par la main, menèrent la reine à l'église, et de là en son palais, où grand' fête fut tenue.

» Le lendemain, toute la ville fut pavoisée ; et le dimanche vant, l'an mil trois cent soixante-cinq, furent sacrés et couronnés Henri, roi d'Espagne, et sa femme, qui était dame de grand' vaillance.

» Là, il y eut fête grande et merveilleuse, et de nobles joutes y furent faites (1). »

Dès que Henri de Transtamare eut placé la couronne sur sa tête, du Guesclin s'écria :

« Vive le roi don Henri II, par la grâce de Dieu, le victorieux roi des deux Castilles, de Séville et de Léon ! »

Alors toute l'assemblée s'écria d'une seule voix : « Vive le roi ! »

---

1. *Le Roman de Sire Bertrand du Guesclin.*

L'armée en fit autant, et les mille voix de la bourgeoisie firent retentir l'air des cris de : « Vive le roi ! »

C'est ainsi que don Henri fut reconnu et proclamé roi dans la ville de Burgos. (D'autres historiens disent à Calahorra.) Le premier acte de sa souveraineté fut de donner à du Guesclin le comté de Borgia, en reconnaissance de ses services.

Quelques jours après, il donna encore à Bertrand les comtés de Transtamare et de Soria, puis, l'ayant créé duc de Molinès, il l'éleva à la dignité de connétable de Castille.

Cependant la guerre n'était pas finie. Il est vrai que Pierre le Cruel, craignant sans doute pour sa vie, fuyait piteusement devant l'invasion. Toutes les villes du royaume accueillaient comme des libérateurs Henri de Transtamare et du Guesclin.

Après Burgos, Tolède avait ouvert ses portes; après Tolède, ce fut le tour de Cardona.

Une seule ville restait à don Pèdre, Séville, et il s'y était enfermé comme en sa dernière forteresse. De là, il avait appelé les Maures, ce qui donnait aux *grandes compagnies*, ou, pour parler comme les Castillans, aux *compagnies blanches* (gente blanca), un petit air de croisade chrétienne qui n'était pas inutile au courage des soldats.

Au siège de Séville, du Guesclin est partout. Les embuscades, les feintes, les alertes, les surprises, les ruses, les semblants, les moindres hasards, il est prêt à tout : à la bataille rangée et à l'échauffourée, conduisant l'avant-garde ou pressant la réserve, fort avec la cavalerie, fort avec les gens de pied, se servant du canon et des arcs, essayant, cherchant, inventant ; aujourd'hui content de cent bonnes lances, le lendemain n'ayant pas trop de vingt mille hommes ; capitaine, général, soldat qui se bat la hache à la main, il était çà et là, conduisant ses Bretons, l'oreille tendue aux moindres bruits, l'œil au guet, la main à l'épée. — Et pourtant le siège durait depuis trois mois ; c'était à recommencer chaque matin.

A la fin, la ville est prise, Séville, *la merveille !* Voilà donc Henri en possession de son nouveau royaume.

Don Pèdre est en fuite, et n'a plus d'autre espoir que dans le roi de Navarre, le *Mauvais*, digne allié du *Cruel*, et en la protection du prince de Galles.

Ce grand prince, qui, à l'âge de quatorze ans, avait eu sa bonne part dans la victoire de Crécy, gagnée sur Philippe de Valois, avait alors trente-cinq ans. Il commandait en Guyenne, en Poitou, et dans les provinces cédées à l'Angleterre par le traité de Brétigny.

Riche et tout-puissant, le frère des chevaliers, le patron des artistes, le prince de Galles tenait à Bordeaux une cour brillante et digne d'un roi.

Don Pèdre, chassé de l'Espagne, vint se jeter aux pieds du prince Noir. Il ne fallut pas le prier longtemps. Cette guerre plaisait à Chandos, à Felton, à tous les capitaines anglais et gascons, avides de gain et de gloire.

Ici recommence sur un autre théâtre la guerre qui a déjà armé l'un contre l'autre les deux peuples de France et d'Angleterre pour la succession au trône de Bretagne. Nous allons retrouver une lutte qui ressemble à la lutte de Charles de Blois et de Jean de Montfort.

CHAPITRE SIXIÈME.

Suite de la guerre de Castille.
Du Guesclin et le prince Noir.

LE prince de Galles, comme les aventuriers du quatorzième siècle, avait besoin de combats et de guerres, et n'y regardait pas de fort près lorsque s'offrait à lui une occasion de tirer l'épée. Peu lui importait que Pierre le Cruel fût un oppresseur et un meurtrier: la sensibilité des gens de guerre du moyen-âge était fort peu émue par les plaintes des peuples.

En Castille, d'ailleurs, non moins qu'en Bretagne, l'intérêt anglais s'accommodait peu de l'influence française. Le prince Noir n'était guère tenté d'agréer un roi castillan couronné par la France, et d'encourager une guerre qui apprenait, aux dépens de la Castille, l'obéissance et les devoirs du soldat à cette armée de soudards et de routiers convertis. Un secret instinct disait déjà à l'Angleterre qu'il ne fallait pas laisser les Pyrénées s'abaisser devant la France ; aussi, tout en méprisant Pierre le Cruel, l'Angleterre accueillit-elle avec joie ce prétexte pour rentrer en guerre avec notre pays, à peine remis de ses douloureuses secousses.

Quelle belle occasion, en effet, pour le vieux roi Édouard III, d'illustrer la fin de son règne ! Mais pour faire campagne, il fallait de l'argent. Afin de se procurer des subsides, le prince Noir convoqua à Bordeaux les États généraux d'Aquitaine. On remarqua dans les rangs de cette assemblée les comtes d'Armagnac et de Comminges, les vicomtes de Carmaing et de

Châtillon, Jean de Grailly, captal de Buch, les sires d'Albret, de Terrides, de Lescun, de Rosan, de Lesparre, de Mucidan, de Chaumont, de Courtois, de Picornet, et, auprès de ces nobles Gascons, les barons et les *prud'hommes* de Poitou, de Saintonge, de Rouergue, de Quercy, de Limousin et de Béarn, les uns et les autres devenus sujets et vassaux du roi d'Angleterre depuis les douloureuses concessions du traité de Brétigny.

L'assemblée, consultée par le prince de Galles, demanda qu'il en fût référé à Édouard III, et la session fut prorogée jusqu'au jour où arriverait à Bordeaux la réponse du roi suzerain.

Cette réponse ne se fit pas attendre. Elle était entièrement favorable aux projets du prince de Galles.

Il s'agissait de faire face aux frais de la guerre. Les États répondirent qu'ils ne consentiraient pas à les prendre à leur charge et à laisser mettre sur leurs terres un fouage de dix sols par feu. Transférés à Angoulême, à Poitiers, à Bergerac, leur réponse resta la même.

Les États d'Aquitaine, soumis à l'Angleterre, usaient pour leur compte de la liberté anglaise.

D'ailleurs, d'invincibles antipathies se réveillaient de part et d'autre. « Et sont ceux de Poitou, de Saintonge, de Quercy, de Limousin, de Rouergue, de telle nature qu'ils ne peuvent aimer les Anglais ; et les Anglais aussi, qui sont orgueilleux et présomptueux, ne les peuvent aimer, ni ne firent-ils oncques, et encore maintenant moins que oncques, mais les tiennent en grand dépit et vileté. »

A la fin, les seigneurs d'Aquitaine demandèrent que l'on garantît aux seigneurs qui répondraient à l'appel d'Édouard III et de son fils, et iraient combattre en Espagne, la solde à laquelle ils auraient droit, eux et leurs vassaux.

Pierre le Cruel s'engagea à faire face à ces dépenses, puis il promit au prince de Galles de lui donner la Biscaye en toute souveraineté, et tous les scrupules furent levés de part et d'autre.

Vers le même temps, le prince de Galles ouvrit des négociations avec le roi de Navarre pout obtenir son concours. Charles le Mauvais, toujours traître et cupide, se lia par un traité d'alliance offensive et défensive avec les deux parties belligérantes, c'est-à-dire qu'il s'engagea, d'une part, avec Henri de Transtamare, à fermer les Pyrénées aux Anglais, tandis que d'autre part, le 23 septembre 1367, il promit au prince de Galles de lui livrer passage.

Quand toutes les dispositions furent prises, le prince de Galles rappela sous les drapeaux anglais les aventuriers de cette nation et les autres géns de guerre, poitevins, gascons et aquitains, qui, incorporés dans les grandes compagnies, servaient alors en Espagne sous la conduite de du Guesclin.

Ils obéirent à cet ordre et abandonnèrent la cause de Transtamare pour se rallier à Pierre le Cruel, allié et ami des Anglais.

Ils obéissaient ainsi à leur instinct de nouveauté. Le drapeau qu'ils voyaient se lever, leur promettait plus de pillage ou de désordre : ce fut assez pour les déterminer. L'Anglais, nous l'avons dit, négocia leur défection.

Les compagnies se firent payer leur fidélité à venir, et reparurent sur la terre de France pour se joindre aux troupes que la Guyenne allait envoyer vers les Pyrénées ; mais ayant voulu s'acheminer vers Montauban pour gagner les domaines du prince de Galles, elles trouvèrent les peuples déjà changés par l'usage d'un pouvoir protecteur, et moins patients à subir les brigandages. On se réunit de toutés parts pour s'attaquer à ces restes de bandits. La guerre en avait exterminé un grand nombre ; des vingt-cinq ou trente mille qu'on avait vus se mettre en campagne avec la croix sur leurs habits, il en restait douze mille au plus.

Il y eut un combat près de Montauban, où la chevalerie méridionale avec les bourgeois de la ville furent près de disperser pour toujours ces troupes de malfaiteurs. La lutte cependant était inégale : les compagnies en sortirent victorieuses ; elles virent seulement que désormais leur fortune d'aventuriers était changée, et que la France était sous un sceptre qui attaquait la rapine et le meurtre.

Les compagnies continuèrent leur route vers Bordeaux. Le prince de Galles s'effraya du secours qui lui venait, et il se hâta de le diriger vers Roncevaux. Par là, il s'apprêtait lui-même à pénétrer en Espagne.

Malgré ces dispositions et ces actes hostiles, la paix ne fut point ouvertement rompue entre Édouard III et Charles V. Des deux côtés, on affecta de ne voir dans ce qui allait se passer en Espagne qu'un incident local, un fait isolé, étranger à la politique réciproque des cours de Paris et de Londres. Ce n'était là d'ailleurs qu'une fiction, et il n'était personne qui ne comprît combien était devenue précaire la durée du traité de Brétigny.

Informé de ce qui se passait en Guyenne, Henri de Transtamare avait convoqué les cortès à Burgos, et s'était préparé à repousser les attaques combinées de Pierre le Cruel et du prince de Galles.

Du Guesclin était resté en Castille. De toutes les forces qu'il avait amenées peu de mois auparavant, il ne lui restait que quinze cents lances. Il proposa au roi Henri de passer en France, d'où il ramènerait un secours de chevaliers français et bretons plus considérable par la valeur que par le nombre, et il partit pendant que le roi prenait, d'accord avec les cortès, les mesures nécessaires pour s'opposer à l'invasion de ses États.

Le 10 janvier 1367, le prince de Galles partit de Bordeaux pour rétablir Pierre sur le trône de Castille ; il séjourna quelque temps à Dax, où son frère Jean, duc de Lancastre, lui amena des renforts ; puis, ayant de nouveau réclamé l'adhésion du roi de Navarre, il s'engagea avec ses troupes dans les défilés des montagnes.

Averti de ce qui se passait, et chargé de punir Charles le Mauvais de son manque foi, le duc d'Anjou, qui commandait les provinces françaises de la Langue d'Oc, ordonna au sénéchal de Beaucaire d'enlever aux Navarrais la seigneurie de Montpellier et de l'occuper militairement au nom du roi de France.

Dans cet intervalle, l'armée des Anglo-Aquitains, forte de près de trente mille hommes et répartie en trois divisions, se porta sans coup férir de Saint-Jean-Pied-de-Port à Pampelune.

« Pendant ce temps, dit l'auteur du *Roman de Sire Bertrand*, le roi Charles de Navarre envoya défier le roi Henri. Et devant Logroño, que le roi Pierre lui avait donné par ses lettres, il mit le siège. Et durant le siège, le roi de Navarre manda les bourgeois de Logroño, lesquels eurent conseil qu'ils se rendraient au roi de Navarre, et le lendemain ils lui ouvrirent les portes. Ainsi le roi de Navarre prit Logroño, où il y a ville fermée et château très-fort et bien situé sur une grosse rivière.

» Après la prise de Logroño, le roi de Navarre partit avec cinq cents lances pour prendre un château qui tenait pour le roi Henri. Et messire Olivier de Mauny sut des nouvelles de sa venue, et vint contre lui et livra bataille.

» En cette bataille, le roi de Navarre fut pris et déconfit par messire Olivier de Mauny ; mais ledit roi s'humilia tant envers

Olivier de Mauny, que c'était merveille à voir; et fort humblement il le requit qu'il le laissât aller sur sa foi, ou autrement son pays serait détruit par le prince et le roi Pierre, qui étaient en armes en son royaume. Le roi de Navarre traita tant avec messire Olivier de Mauny par belles paroles, que sur sa foi il le laissa aller, moyennant qu'il lui donnât en otage Charles, son fils aîné.

» A Logroño se retira le roi de Navarre, et un jour manda à messire Olivier de Mauny par sauf-conduit qu'il allât vers lui, lui douzième, pour traiter sa rançon. Par devers lui alla messire Olivier et ses frères avec lui, ce en quoi il fut mal conseillé ; car aussitôt qu'il fut au château, on l'arrêta, et il vint un Navarrais qui sur lui mit la main.

» Quand messire Eustache de Mauny vit son frère arrêté, incontinent il vint frapper celui qui avait mis la main sur lui. Alors s'élancèrent les Navarrais qui occirent messire Eustache, ce qui fut dommage, car il était bon chevalier.

» Ainsi messire Olivier de Mauny fut retenu par le roi de Navarre, qui lui fit dire que, si de là au lendemain matin il ne lui rendait son fils, il lui ferait trancher la tête, à lui et à ses frères.

» Messire Olivier de Mauny accorda la délivrance de son fils au roi de Navarre, moyennant que le roi lui promît et fît serment que, sans fraude et sans mensonge, en lui rendant son fils, il le ferait mener en lieu de sûreté, lui et ses compagnons et frères. Alors messire Olivier de Mauny envoya quérir le fils du roi, et le lui délivra et présenta. Et en ce faisant, le roi mit à délivrance lui et ses frères et ses compagnons, mais auparavant messire Eustache fut enterré honorablement, et à son service fut le roi de Navarre, qui fit semblant d'en être courroucé. Et après le service partirent messire Olivier et ses frères et compagnons. Et il ne demeura guère que messire Olivier n'entra au royaume de Navarre et le guerroya, et partout y mettait le feu et détruisait beaucoup ; mais le roi de Navarre traita tant, que messire Olivier sortit de son royaume, et à cause de cela, il bâtit une chapelle à Logroño sur la sépulture de messire Eustache, dans laquelle il fonda quatre messes perpétuelles.

» En cette manière sortit de Navarre messire Olivier de Mauny qui entra en Espagne, et par le pays où devait passer l'armée du prince il fit brûler les vivres qui n'étaient pas retirés dans les forteresses. »

Ces détails donnés par le naïf chroniqueur montrent à quelles embûches, à quels procédés déloyaux étaient exposés du Guesclin et ses alliés, dans un pays inconnu, et avec des troupes déjà décimées et démoralisées. Ils sentirent le besoin de renforcer leur effectif avant d'en venir à un engagement décisif.

Mais laissons parler encore notre vieil auteur : ses tableaux ont une couleur locale qui met le lecteur en présence de ces scènes parfois terribles, toujours pittoresques et animées.

« Pour combattre le prince (Pierre le Cruel), le roi Henri manda la chevalerie et envoya au roi d'Aragon pour requérir du secours, lequel roi lui envoya le comte Denia avec cinq cents lances. Henri fit tant, qu'en peu de temps il amassa grand'foison de gens. Pour cela, il manda son conseil pour avoir avis sur la manière de défendre son pays. A ce conseil furent messire Bertrand, Olivier de Mauny, le Bègue de Vilaines, le maréchal d'Audrehem, Thibaut du Pont, le comte Denia, l'amiral d'Espagne, chevalier de renom, et plusieurs autres chevaliers, par devant lesquels parla messire Bertrand, qui fut ouï volontiers, et il dit ainsi du roi Henri :

« Sire, le prince a en sa compagnie grand'chevalerie ; et ce

serait forte chose que si grand'compagnie pût être longuement
ensemble à tant de gens. Je sais bien que vous pouvez avoir
plus grand nombre de gens; mais le prince a des gens qui ont
toujours suivi les guerres, plus que n'ont fait ceux de cette
contrée. Je ne vous conseillerais nullement de combattre, en
bataille rangée, le prince à présent ; mais on peut bien garder
contre lui les passages des rivières, et les tenir si à l'étroit de
vivres, qu'il leur faudra s'écarter pour aller au fourrage et pour
recouvrer des vivres. Et nous, qui avons déjà appris à connaître
le pays, nous trouverons bien sur eux notre avantage, et de
fois à autre, nous pourrons gagner sur eux. Ce par quoi vous
pourrez diminuer leur armée et déconfire le prince sans livrer
journée de combat ni bataille, bien que vous les puissiez combattre lorsque vous les verrez affaiblis de chevalerie. »

» A ce conseil s'accorda la chevalerie, et ils vinrent à Najara
pour garder le passage.

» Un jour, le prince (de Galles) envoya au fourrage messire
Felton, avec cinq cents lances, à Najara. De cela Bertrand sut
bientôt des nouvelles, et de l'armée du roi Henri il partit secrètement, et avec lui mena le comte Denia.

» Bertrand et le comte Denia chevauchèrent tant, qu'ils rencontrèrent les Anglais qui emmenaient vivres et prisonniers
chargés sur des mulets, et qui avaient pillé tout le pays.
Bertrand et le comte Denia assemblèrent contre les Anglais et
en portèrent à terre plusieurs.

» Quand Felton vit cette chose, vitement il descendit à pied,
lui et sa compagnie, en l'ordonnant pour recevoir bataille.
Alors Bertrand et le comte Denia se mirent à pied ; et ils
s'assemblèrent contre les Anglais, qui fièrement se défendirent ;
mais à la fin les Anglais furent déconfits, et les prisonniers et
fourrages tous repris. Et en cette rencontre fut occis messire

Guillaume Felton, qui, autrefois, avait plaidoyé contre Bertrand au parlement du roi de France.

» Les nouvelles de cette déconfiture vinrent au prince, qui en fut fort dolent. Et il fit tant chevaucher ses troupes, qu'elles vinrent près du pont de Najara ; et, en la prairie qui est sur la rivière, il fit tendre ses tentes et pavillons, et manda bataille au roi Henri.

» Pour se conseiller avant de livrer bataille, Henri manda la chevalerie. Et premièrement parla Bertrand, qui à son pouvoir déconseilla la bataille. Là était le comte Denia, qui était jeune chevalier et désirant d'armes, et en la présence du roi Henri, il dit :

« Sire Bertrand, en la compagnie du roi vous n'êtes que douze cents chevaliers et écuyers de France, et vous pensez valoir plus que toute l'armée du roi Henri, qui a plus de gens que le prince. Mais je veux bien que vous sachiez, si bataille est faite contre le prince, que les Espagnols et les Aragonais vaudront bien les Français. Et il semblerait à la chevalerie d'Espagne, si vous mainteniez longuement ces paroles, que vous eussiez peur. »

» Sur ses pieds se leva Bertrand, qui de peur s'entendit accuser, et dit :

« Comte Denia, je veux bien que vous sachiez que, s'il y a bataille contre le prince, il sera entendu autant ou plus de nouvelles des Français que de vous et des Espagnols. »

» Le roi Henri défendit les paroles ; et il fut tant prié par le comte Denia et la chevalerie d'Espagne, qui lui conseillèrent la bataille, qu'il accorda bataille au prince, et lui fit savoir le jour, « ce dont le prince et les Anglais eurent grand' joie. »

Ainsi le même homme qui s'était opposé à la bataille d'Auray s'opposait, autant qu'il était en lui, au combat de Navarette.

Malgré tout cependant, la bataille est arrêtée ; toutes les dispositions sont prises ; à l'avant-garde, du Guesclin et ses Bretons, l'espoir de l'armée espagnole, pleine de cette confiance aveugle qui effrayait le connétable de Castille.

On était au samedi 3 avril 1368. Le soleil montrait à peine son premier rayon, quand s'ébranla l'armée anglaise. Là se tenait la fleur des chevaliers et des capitaines : le duc de Lancastre, frère du prince de Galles, Jean Chandos, les deux maréchaux de Guyenne, le roi de Majorque, les comtes d'Armagnac et d'Albret, le captal de Buch, qui se rappelait du Guesclin ; le prince de Galles enfin, le digne chef de tous ces gens.

Les trompettes sonnent, les deux armées s'ébranlent. Le duc de Lancastre marche à du Guesclin ; les flèches épuisées, on tire les épées ; alors, véritablement, la bataille commence.

L'exemple de du Guesclin et de ses Bretons est impuissant à retenir l'armée espagnole. Soit trahison, soit terreur, soit étonnement d'avoir à combattre toute une armée composée de gentilshommes, les Espagnols, si fanfarons tout à l'heure, lâchent pied sans combattre. Ainsi que Bertrand l'avait prévu, les troupes d'Henri de Transtamare, dont la plupart ne sont armées que de frondes, sont écrasées par les archers anglais et gascons ; la chevalerie castillane, moins exercée que celle d'Angleterre et d'Aquitaine, est également mise en déroute après quelques instants d'efforts.

Le prince de Galles, qui tient à l'ordonnance de la bataille, dédaigne de poursuivre les fuyards ; il veut avant tout venir à bout de du Guesclin et de don Henri.

Seul de cette armée nombreuse, avec trois fidèles chevaliers bretons, du Guesclin se défend encore.

A ses côtés se tenait don Henri, comme pour montrer qu'il

n'était pas indigne de cette couronne que le héros breton avait placée sur sa tête.

« Partez, prince ! » disait du Guesclin ; et il força don Henri à quitter la mêlée. Lui, cependant, il se battait toujours ; seul contre une armée, il ne parlait pas de se rendre. Appuyé contre une muraille, il se défendait avec furie contre le prince Édouard, quand don Pèdre cria : « Aucun quartier à du Guesclin ! »

Du Guesclin l'entend, s'avance sur lui, lui porte un coup d'épée et le renverse évanoui. Il s'avance enfin vers le prince de Galles, et dit :

« J'ai du moins la consolation de ne rendre mon épée qu'au plus vaillant prince de la terre.

— Eh bien ! messire Bertrand, lui dit le captal de Buch, chargé de le garder, vous me prîtes à Cocherel, et je vous tiens aujourd'hui !

— Oui, reprit du Guesclin avec fierté, mais je vous pris moi-même à Cocherel, et vous n'êtes ici que mon gardien. »

Le prince de Galles fit conduire du Guesclin dans sa tente.

Don Pèdre, revenu de son évanouissement, tira sa dague et voulut se jeter sur le héros désarmé. Édouard, indigné, l'arrête, et, rejetant avec mépris l'offre de ses trésors pour prix de la tête de du Guesclin, il ordonna qu'on prît soin de ce grand vaincu comme de lui-même.

Le roi don Henri, après avoir déployé la plus grande valeur, voyant son armée taillée en pièces, changea de cheval et s'enfuit à toutes brides vers Najara, d'où il gagna l'Aragon et ensuite le Languedoc.

La victoire de Navarette rétablit Pierre le Cruel sur le trône par une révolution aussi prompte que celle qui l'en avait chassé. L'armée victorieuse marcha vers Burgos, qui ouvrit ses portes ; cet exemple fut suivi par toutes les autres villes de l'Espagne.

Quand le prince de Galles vit son protégé redevenu maître de ses États, il réclama l'accomplissement de ses promesses, et surtout l'argent nécessaire pour le payement de ses troupes. Le roi Pierre éluda ce payement sous différents prétextes, et, pendant ces retards, l'armée anglaise, exposée aux ardeurs d'un climat dévorant, dépérissait de jour en jour. Pierre le Cruel, convaincu qu'il n'avait désormais plus rien à craindre, résistait à toutes les réclamations du prince, et se rendait odieux même à ceux qui l'avaient secouru. Indigné de tant de mauvaise foi et révolté du spectacle d'une pareille tyrannie, le prince de Galles retourna en Aquitaine.

Il avait fait conduire du Guesclin dans les prisons de Bordeaux, et, tout en traitant le captif avec beaucoup d'égards, il ne voulait pas entendre parler de rançon « dont, dit la chronique, à la chevalerie déplut et à messire Bertrand ennuyait. »

Pendant cette captivité, du Guesclin reçut du roi Henri une preuve d'amitié qui fut une grande joie pour son cœur généreux. Henri, fugitif lui-même, osa bien, déguisé en pèlerin de Saint-Jacques, pénétrer dans la ville de Bordeaux, au risque de sa vie, tout au moins de sa liberté. Il trouva moyen de faire savoir à du Guesclin son arrivée, et le geôlier, grâce à une somme de cent florins qu'il reçut, consentit à laisser entrer dans la prison le pèlerin, qui se donnait comme un pauvre chevalier, compatriote de du Guesclin.

Par l'ordre de celui-ci, un repas avait été préparé en l'honneur de l'auguste visiteur. Dès que parut Henri, Bertrand courut à lui, et, les larmes aux yeux, il lui dit, quand ils se trouvèrent seuls :

« Ah ! Sire, j'ai grande joie, certes, à vous voir, et cette preuve de votre affection m'attendrit le cœur ; pourtant il faut que je vous blâme, car c'est grande témérité que votre fait.

— Bertrand, répondit Henri en lui pressant la main, je vous le demande, n'auriez-vous pas fait autant et bien davantage, par le désir de revoir un ami et dans l'espoir de lui rendre service ?

— Vraiment oui, mon prince, répondit Bertrand ; mais moi, je ne suis qu'un pauvre chevalier, qui ne risque guère que ma personne.

— Généreux Bertrand, si vous m'en croyez, ne perdons point le temps à ces vains propos ; nous pouvons l'employer mieux à parler de nos affaires.

— Je crois que vous dites bien, mon prince. Quel projet formez-vous ?

— Je pense aller de ce pas trouver monseigneur le duc d'Anjou ; c'est un vaillant et loyal prince et un illustre chevalier. J'espère qu'il ne me refusera pas aide et secours.

— C'est bien pensé, Sire, je crois comme vous que le noble duc vous aidera volontiers de son argent et même de son épée.

— Je compte surtout le prier de s'entremettre pour votre délivrance. Quelle que soit la rançon que demande monseigneur le prince de Galles, nous la trouverons.

— Sire, je vois en cela votre noble cœur et je vous en remercie ; mais, à mon gré, n'en faites rien ; en ce moment, ce serait temps perdu ; monseigneur de Galles ne veut entendre à nulle chose qui soit dite sur ce sujet. C'est le plus orgueilleux chrétien qui soit né, et pour prière aucune ne s'est voulu amollir !

— Vraiment ! reprit Henri dolent. Je l'aurais cru meilleur chevalier. »

En ce moment, l'hôtesse, qui n'était autre que la femme du

geôlier, vint heurter à la porte pour avertir que tout était prêt, « qu'ils n'avaient plus qu'à se mettre à table et que les viandes refroidissaient. »

Ils se mirent aussitôt à manger ; mais pendant qu'ils faisaient grande chère, le geôlier tira sa femme à part et lui dit :

« Femme, j'ai grand soupçon et me doute qu'icelui pèlerin ne pourchasse quelque trahison, et je veux aller avertir le prince. »

La femme aussitôt, l'ayant quitté sans mot dire, vint trouver Bertrand et l'avertit du projet de son mari.

Quand Bertrand l'entendit, « lui qui avait le cœur hardi comme un droit lion, s'en vint par grand maltalent devers ledit portier, et lui donna tel coup de bâton, qu'il le fit aller à genoux.

» Alors, il lui prit les clefs, et, ouvrant l'huis, mit dehors le roi Henri avec les siens, puis referma vite la porte sur eux de peur qu'on ne courût après. Alors revenant, l'œil menaçant, le poing levé, vers le geôlier éperdu de frayeur, il lui dit :

« Lâche et mécréant, tu n'as donc pris de moi bonne somme d'argent que pour me trahir ? Bien te devrais-je écraser... »

Sans son valet de chambre, qui se trouvait là fort à propos pour modérer la furie de son maître, dit le chroniqueur Lefebvre, il l'aurait assommé.

Sans nul doute aussi, la femme du geôlier intervint en faveur de son mari, et grâce à elle, Bertrand consentit à lui pardonner. Il est vrai que c'était un peu tardivement, puisque le pauvre homme garda le lit pendant plus de huit jours, par suite des coups de bâton qu'il avait reçus d'abord. Mais il s'en consola, Bertrand n'exigeant pas la restitution des cent florins. Aussi n'ébruita-t-il point l'aventure, peut-être bien surtout par la peur du terrible Breton, qu'il traitait plus que jamais avec un respect infini et n'abordait qu'avec une extrême prudence.

Cependant la captivité de Bertrand, qui durait depuis bien des mois déjà, paraissait devoir se prolonger indéfiniment, lorsqu'une heureuse circonstance le fit tout à coup rendre à la liberté.

« Un jour advint que bien grande cour tint le prince dedans Bordeaux. Là furent le comte d'Armagnac, le sire d'Albret et les seigneurs de Gascogne, messire Jean Chandos, etc., et plusieurs autres chevaliers que honorablement festoya le prince. Et en manière d'esbattement commencèrent leurs paroles de passe d'armes, de batailles, de prises de forteresses, de journées de rencontres et de prisonniers rachetés. En ces paroles se délectait le prince, qui d'armes était le mieux parlant que en son temps fût, et devant tous les barons qui là furent parla et dit en cette manière :

« Seigneurs, quand en bataille ou en assaut est pris aucun chevalier vaillant, moult doit être honoré, ni du sien ne lui doit-on pas demander tellement que une autre fois ne se puisse armer. »

A ces paroles le sire d'Albret se souvint de Bertrand, et dit au prince :

« Sire, bien avez ces raisons dites ; mais si déplaisir n'y preniez d'une parole vous avertirais, qui de nous va courant, contraire à ce qu'avez maintenant dit.

» A changer de couleur se prit le prince, et dit :

— Peu m'aimerait le chevalier qui avec moi serait, si sur moi oyait dire chose que faire je dusse, en mon honneur gardant, et qu'il ne me le dît. Pour ce, vous requiers que ne céliez pas ce qu'on maintient de moi.

— Sire, bien sait-on par toutes cours de renommée que

Bertrand en vos prisons tenez prisonnier, et dit-on, sans vouloir de lui nulle finance, pour avoir crainte de sa prouesse.

» Quand le prince ouit ces nouvelles du sire d'Albret, et que à ces paroles s'accordaient les autres, en lui se courrouça. Si leur dit en grand dédain :

— Bien veux, seigneurs, que vous sachiez que si tous les barons qui à présent sont, étaient en mes prisons, tant ne les redouterais que d'eux ne prisse rançon. Et vous qui parlez que Bertrand soit mis à finance, bien veux l'y mettre : pour ce, allez le quérir. »

Du Guesclin se présente et, mettant un genou en terre :

« Par ma foi, Monseigneur, je m'ennuie fort de n'entendre que le cri des souris de Bordeaux, quand chantent si bien les rossignols de mon pays.

— Croiriez-vous, lui dit le prince de Galles, que l'on m'accuse de vous craindre ? »

Du Guesclin s'inclina respectueusement, et répondit :

« On ne peut, Sire, me faire plus d'honneur que de me croire redoutable à un prince qui se fait craindre et admirer en tous pays.

— On se trompe, messire Bertrand, repartit le prince Noir ; je ne connais pas la peur ; j'aime et je considère les braves hommes, mais je n'en appréhende pas un seul ; ainsi je vous mets à rançon. »

Du Guesclin le remercia de la grâce qu'il lui faisait, et dit en haussant la voix :

« Je ne suis donc plus prisonnier, puisque ma liberté ne tient plus qu'à de l'argent. Je n'hésite point à déclarer que le roi don Henri peut se regarder dès ce moment comme roi de Castille ; je l'en ferai couronner encore une fois, malgré tous ceux qui voudraient s'y opposer. Je le jure et y engage mon honneur en présence de vous, Monseigneur, et de tous les chevaliers qui m'entendent. »

.Cette parole étonna toute la compagnie, et parut bien fière. Le prince la releva, en disant que cela ne serait pas si aisé qu'il se l'imaginait.

« Je sais bien ce que je dis, reprit Bertrand. Quoi qu'il en soit de ma rançon, faites-moi la grâce de vous en expliquer, et je suis prêt à la payer ; mais je vous supplie de faire attention que je suis un pauvre chevalier, qui n'ai de bien que ce que j'ai pu gagner dans le métier des armes. »

Le prince lui répondit :

« Messire Bertrand, vous êtes le maître qu'il ne vous en coûte rien pour votre rançon ; je me contente de votre parole que vous ne porterez jamais les armes contre le roi mon père et contre moi. »

A cette proposition inattendue, du Guesclin répliqua, d'un ton offensé :

« Eh quoi ! Monseigneur, est-il possible qu'un prince si vaillant et le plus honnête homme du monde me fasse une condition si contraire à mon devoir ? J'aimerais mieux mourir que de vous donner une parole qui serait contraire à mon honneur. »

Admirant la loyale fermeté de son prisonnier, le Prince Noir lui dit qu'il n'insistait pas à ce sujet, et qu'il le laissait libre de fixer lui-même sa rançon.

« Cent mille florins d'or, dit Bertrand.

— Comment ! s'écria le prince, cent mille florins d'or ! C'est trop et je n'en veux pas tant.

— En ce cas-là, reprit du Guesclin, voilà mon dernier mot : je me taxe à soixante et dix mille ; je n'en rabattrai pas une obole. »

Le prince, admirant le grand cœur de du Guesclin, lui demanda où il prendrait une si grosse somme, s'il était vrai qu'il fût un si pauvre chevalier.

« J'ai des amis, répondit Bertrand, et les rois de France et de Castille ne me laisseront pas en arrière pour si peu de chose. Il y a en Bretagne cent chevaliers qui vendront leurs terres pour m'acquitter, et les femmes de France fileront assez dans un an pour faire ma somme.

— J'accepte, dit le prince Noir ; vous êtes libre ! »

Bertrand quitta donc au plus tôt les prisons anglaises ; mais il n'oublia pas l'engagement qu'il venait de prendre. L'histoire à conservé le texte de l'obligation de du Guesclin envers le roi de France.

« Nous, Bertrand du Guesclin, duc de Transtamare, comte de Longueville, etc... Comme noble prince Édouard, aîné fils du roy d'Angleterre, prince d'Aquitaine et de Galles, auquel nous sommes prisonnier de la bataille qui naguère fut devant Navarette, au royaume de Castille... Savoir faisons que nous, considérant la grâce et l'amour que le roy, nostre dit seigneur, nous a montré, et que sans icelle ne povions avoir nostre délivrance, avons promis et promettons pas nostre foy, et sur l'ordre et honneur de chevalerie, que ladite somme nous payerons ou ferons payer au dit roy de France, ou rendrons nostre corps en ses prisons, etc. »

A quoi le roi Charles V répond par un mandat sur Pierre Scalifa, trésorier, pour que le dit Scalifa ait à « payer à nostre neveu le prince d'Aquitaine et de Galles, en la ville de Poitiers, pour notre ami et féal du Guesclin, etc. — Donné à Melun, dixième jour de mars. — *De la main du roi ;* et en marge : *Gardez que en ce n'ait faute, car il touche notre oneur trez grandement ; escrit de notre main.* »

Malheureusement le trésor royal était presqu'à sec, et cet ordre paraît bien être resté lettre morte.

La nouvelle que du Guesclin était libre fut la bienvenue, même parmi les Anglais. Jean Chandos accourut, offrant sa bourse à son ancien adversaire. La princesse de Galles, attendue à Bordeaux, écrivit au prince son mari qu'elle le priait de garder du Guesclin à sa cour jusqu'à son arrivée, afin qu'elle pût le voir.

Elle arrive. La ville présente à la princesse les fruits et les meilleurs vins de la Gascogne ; la princesse envoie à Bertrand le présent que lui fait la ville, ajoutant à cette gracieuseté trente mille florins d'or pour l'aider à payer sa rançon.

Il part. Au sortir de la ville, il rencontre un pauvre gentilhomme de Bretagne, prisonnier comme lui. Le digne capitaine, sur sa parole, était allé en Bretagne à pied pour y chercher sa rançon, et il s'en revenait à pied dans la prison anglaise, aussi pauvre qu'il était parti.

« Ah ! Monseigneur, disait-il, vous voilà libre ; ma captivité en sera plus rude.

— Que vous faut-il, demanda Bertrand, pour votre rançon ?

— Cent francs.

— Cent francs pour votre rançon, dit Bertrand, et cent francs pour votre cheval et l'équipement ! »

Le gentilhomme achète sa délivrance, et se met à la suite de Bertrand.

> Sire, dit l'écuyer, DIEU vous face pardon,
> Vous m'avez délivré du plus mauvais glouton !

Qu'il devait être heureux, le bon sire, quand il se vit libre et monté sur un bon cheval ! Les peuples saluaient son passage ; les soldats ennemis se le montraient avec admiration ; le roi de

France lui écrivait d'arriver ; la France et l'Espagne regardaient tout au loin, pour savoir si elles ne verraient rien venir.

De Bordeaux, il se dirige vers le Languedoc. Le duc d'Anjou, frère du roi, assiégeait Tarascon. Du Guesclin, sans armes (il n'en pouvait porter avant d'avoir payé sa rançon), s'en va sommer la garnison de se rendre ; à son nom seul, la garnison met bas les armes. Il passe par Avignon, où il reçoit l'hospitalité du Souverain-Pontife Urbain V.

Un jour qu'il était entré dans une auberge du grand chemin, il rencontra des gentilshommes bretons, faits prisonniers à Navarette, qui s'en allaient de Bordeaux en Bretagne chercher l'argent qui leur manquait pour être libres. Ils étaient sans habits et sans argent.

« Mais avec quoi me payerez-vous ? leur dit l'hôtelier.

— Tu ne sais donc pas que Bertrand est hors de prison ? répondirent-ils. Nous le cherchons, il payera pour nous.

— A la bonne heure ! répondit l'aubergiste ; si Bertrand est libre, buvez mon vin, mangez mes moutons. »

> Je vous ferai servir de rôti, de pâtés,
> Car du meilleur du monde aujourd'hui me parlez...
> Et quand Bertran l'oyt, s'en va l'hôte embracier.

Bertrand paye, en effet, la dépense et la rançon de ces braves gens ; puis, aux remontrances d'Yvon, son trésorier :

> Cilz argent que je porte ne me doit demorer,
> De l'autre il en viendra pour nous aracheter,

De retour à Bordeaux, les prisonniers apportent leur rançon à ces *gloutons* d'Anglais ; mais on leur demande où ils ont pris tant d'argent, puisqu'ils n'ont pas eu le temps d'aller en Bretagne.

A quoi ils répondent, — et il nous semble que ce sont là, dans leur naïveté, des paroles bien honorables pour notre héros : —

Trouvé avons Bertran, qui en Bretaigne va !...
Lesquels oyant, l'Anglais mainte fois se signa.

— URBAIN V. —
D'après une estampe de la *Vie des Pontifes*,
gravée par J.-B. de Cavallieri, dix-septième siècle.

A Niort, Bertrand est reçu par Chandos, qui lui fait mille fêtes ; son passage était un vrai triomphe ; qu'il rencontrât des Français ou des Anglais, c'étaient les mêmes respects.

Enfin il arrive à Paris, dans le palais des Tournelles habité par le roi Charles V. Le roi le reçut comme un ami, l'hébergea pendant huit jours, mais oublia de lui parler de sa rançon.

De Paris, du Guesclin se rendit enfin dans sa Bretagne, et Jean de Montfort, oubliant toute inimitié, lui fit dire qu'il serait le bienvenu à sa cour.

La Bretagne entière était en fête. De toutes parts on accourait pour voir le brave gentilhomme et pour le saluer, dans son château de la Roche-Derrien, dont sa femme faisait les honneurs avec grande magnificence et courtoisie. Les Rohan, les Craon, les Laval, les sires de Beaumanoir, de Coëtquen, de Montboucher, de Dinan, de la Bellière, de Quitté, s'empressèrent autour de du Guesclin ; il en vint de l'Anjou, du Maine de la Normandie :

Chacun li accorda requette et seigneurie.

De sa première expédition en Espagne il avait rapporté une somme de cent mille livres, qu'il avait mise en dépôt à l'abbaye du Mont-Saint-Michel. De retour de Bordeaux, il parla de cet argent à Tiphaine Raguenel, sa femme, et lui dit qu'il voulait le retirer pour payer une partie de sa rançon, afin de n'être à charge que pour le surplus à ses amis, de qui il serait forcé de l'emprunter.

« N'y comptez pas, dit la dame de Raguenel ; ne comptez ni sur cet argent, ni sur le revenu de vos terres de Longueville, de Pontorson, de la Guerche, de la Roche-Derrien ; non plus que sur votre vaisselle ni sur mes pierreries, bagues et bijoux ; j'ai tout donné à vos compagnons pour se racheter et pour acheter des armes. Vous n'avez plus d'argent, mais je vous ai fait beaucoup d'amis, Monseigneur.

— Ah ! Madame, s'écria-t-il en l'embrassant de joie, voilà

de l'argent placé à grosse usure ; qu'est-ce, une terre, comparée
à un bon soldat, à un ami ? »

L'argent du roi ne venant pas, on fit ce qu'on put, on
emprunta ; les seigneurs bretons se cotisèrent ; le comte de
Laval, à lui seul, prêta quarante mille livres à Bertrand ; mais
cet argent même, Bertrand le dépensa en son chemin à force
de racheter les Bretons prisonniers à Navarette.

De soixante-dix mille florins d'or, il ne lui restait plus... *un
ognon !*

« Ma rançon était prête, dit-il au prince de Galles, mais j'ai
mieux aimé racheter quatre mille braves gens.

— Et comment faire ? dit le prince.

— Je redeviens votre prisonnier, et d'ailleurs, je sais le
chemin de ma prison, » reprit du Guesclin.

Mais cette fois le prince lui donna place à sa table et lit sous
son toit.

Le lendemain, pas plus tard, dit une chronique contemporaine, à l'heure du dîner (Bertrand dînait à la table du prince
Noir), on vint annoncer au prince qu'un inconnu venait
d'amener un mulet chargé d'or pour payer la rançon du bon
capitaine. D'où venait cette grosse somme ? Nul ne le pouvait
dire. Bertrand, joyeux, but à la santé du prince, et comme le
mulet portait de surplus cent mille livres, avec cet argent
Bertrand racheta les prisonniers français, bretons et castillans
restés à Bordeaux. Noble façon de lever une armée.

Et du même pas, il partit pour l'Espagne, tout prêt à rentrer
en guerre, lui et ses compagnons.

La Castille tressaillit d'espérance quand elle vit revenir don
Henri, son bon roi, et Bertrand, son bon connétable.

Déjà Henri avait recommencé la guerre. Calahorra, Burgos
et plusieurs autres places s'étaient rendues d'elles-mêmes, et il

faisait le siège de Tolède, quand il fut rejoint par Bertrand et ses chevaliers. Avec eux se trouvaient des ambassadeurs du roi de France, chargés de confirmer et de renouveler avec Henri les anciennes alliances.

Ce nouveau traité fut signé devant Tolède. Il établissait une alliance offensive et défensive entre les rois de France et de Castille.

Un article de ce traité était remarquable. Henri de Transtamare s'obligeait à assister son allié de toutes les forces maritimes de ses États, et à fournir toujours le double des vaisseaux que le roi mettrait en mer. Cette convention prouve que la marine française, à demi détruite au combat naval de l'Écluse, était bien inférieure à celle de Castille, et que le roi Charles, prévoyant une rupture prochaine avec l'Angleterre, s'occupait d'avance d'avoir à sa disposition une marine capable de lutter avec celle d'Édouard III.

Henri de Transtamare et du Guesclin assiégeaient Tolède, et Pierre le Cruel, réduit de nouveau à implorer l'appui des étrangers, avait reçu du roi de Portugal et des Maures de Grenade des renforts à l'aide desquels son armée s'élevait déjà à quarante mille hommes. Tolède se défendit avec une rare énergie. Don Henri, du Guesclin et son digne frère Olivier, le chevalier de Mauny, le Bègue de Vilaines, et les plus braves soldats de France et de Bretagne, eurent grand'peine à s'emparer d'une place défendue au-dedans par une armée, secourue au-dehors par d'innombrables bandes venues d'Afrique.

Pourtant une seule bataille, la bataille de Montiel, décida de Tolède et de la monarchie de Castille. Du Guesclin et ses Bretons avaient une revanche à prendre contre Pierre le Cruel : ils la prirent complète, éclatante, glorieuse.

Cette fois, au châtiment de Dieu et à la vengeance des

VUE DE TOLÈDE.

hommes rien ne manqua. Après Montiel, Pierre le Cruel était vaincu à tout jamais. Pas un soldat, pas un ami, pas d'espérance, car d'être secouru de nouveau par l'Angleterre, il n'y fallait pas compter, la cause était trop désespérée ; Édouard III était trop vieux, le prince Noir, trop mécontent, et aussi trop atteint de la maladie qui allait lui creuser une tombe prématurée.

La fortune avait trahi don Pèdre dès le commencement de cette reprise d'armes. Dans un des combats qui eurent lieu sous les murs de Tolède, avant le choc formidable des deux armées à Montiel, son étendard fut abattu d'un coup de hache par du Guesclin, ses compagnons dispersés, et lui-même réduit à fuir.

Après avoir rôdé de hallier en hallier, seul, sans pain et sans armes, à travers les ronces sanglantes et se traînant plutôt qu'il ne marche, don Pèdre arrive au bord de la mer ; il rencontre une barque et s'apprête à confier au frêle esquif, non pas sa fortune, — elle est naufragée, — mais sa vie qu'il sent menacée.

Don Pèdre se nomme. A ce nom odieux, les matelots reculent d'épouvante et d'horreur.

« C'est à nous, disent-ils, à châtier ce misérable ! »

Un Juif qui passait par là voulut bien hasarder quelques deniers sur cette tête sans couronne, et il obtint que Pierre le Cruel, Pierre le menteur et le meurtrier, ne fût pas jeté à la mer.

La bataille de Montiel mit le comble au châtiment de cet homme. A cet écueil vint se briser le dernier espoir de don Pèdre et le dernier effort des Sarrasins de l'Espagne.

Du Guesclin n'a jamais été plus grand que dans cette journée; jamais plus excellent courage ne fut uni à un plus rare génie.

Voici comment l'auteur du *Roman de Sire Bertrand* raconte les détails de cette bataille, en reprenant le récit du siège de Tolède, dont elle est en quelque sorte un épisode :

« Pour combattre le roi Pierre, le roi Henri manda les capitaines de ses châteaux et toute la chevalerie qui était en son obéissance. Pour maintenir le siège de Tolède, ils ordonnèrent que devant la cité demeureraient l'archevêque et la reine, à grand' foison de gens, et que le roi Henri chevaucherait droit à Montiel avec ses troupes.

» Le roi Henri ordonna en cette manière de tenir son siège par l'ordonnance de messire Bertrand ; et avec ses troupes, il chevaucha droit à Montiel. Sur les champs, à une lieue près de Montiel, se tint le roi Pierre en attendant la bataille. Et le roi Henri chevaucha tant, qu'il approcha de l'armée de Pierre, qui ordonna cinq batailles de ses gens. Messire Bertrand ordonna trois batailles de l'armée du roi Henri ; desquelles il donna la plus grosse à conduire au roi Henri. Sur les ailes de la grosse bataille étaient les deux autres batailles, dont il donna l'une à conduire au Bègue de Vilaines, et il conduisit la troisième avec messire Olivier de Mauny.

» Dans la bataille ordonnée descendirent à pied le roi Henri, messire Bertrand et toute la chevalerie ; et ils étaient nombrés, du côté du roi Henri, à vingt mille hommes, et du parti du roi Pierre, ils étaient bien nombrés soixante-dix mille hommes (1).

» Pour assembler contre Pierre partirent les batailles du roi Henri ; et, en se recommandant à Notre-Seigneur, ils se confessaient l'un à l'autre, et se couvraient de terre en remembrance du corps de Notre-Seigneur.

» Les batailles du roi Henri allèrent tout de pied, étroitement

---

1. Ces chiffres donnés par le chroniqueur sont évidemment exagérés.

serrées et un pas devant l'autre. Ils allèrent tout bellement et tant, qu'ils s'assemblèrent aux batailles de Pierre. Et le Bègue de Vilaines fut si désirant de batailles, que devant toute la chevalerie, il assembla le premier avec sa bataille contre les Sarrasins.

» A l'attaque fut tué le neveu du roi de Belle-Marine, ce dont les païens menèrent grand deuil, car en leur loi il était renommé chevalier de grand' vaillance.

» Et à cause de la mort du neveu du roi de Belle-Marine, les batailles du roi Pierre reculèrent l'espace d'un demi-trait d'arc. Altaire, son cousin germain, qui conduisait sa bataille contre le Bègue de Vilaines, fut si dolent, qu'il ne pouvait l'être davantage. Là combattirent de grand' puissance chrétiens et Sarrasins, et le Bègue y fit tant de chevalerie, que de tous il fut fort prisé ; et chacun était émerveillé de son bien-faire. Altaire de Belle-Marine, qui le fit âprement assaillir, fut porté à terre ; mais il en fut relevé, ce dont se réconforta la bataille des païens; et à cette attaque les chrétiens furent grevés, et la bataille du Bègue fut fort endommagée par Altaire ; ce dont nouvelles vinrent à messire Bertrand, qui fit marcher sa bannière droit à la bannière du Bègue.

» Et quand messire Bertrand et le Bègue se trouvèrent ensemble, que nul ne demande la grand' hardiesse que le Bègue en prit en joie : car de plus en plus il assaillit les Sarrasins, qui se défendirent grandement.

» D'autre part était le roi Henri, assemblé contre le roi Pierre, lequel, sur son destrier, couvert de parements, était armé, la couronne sur son bassinet, et vêtu de la tunique royale d'Espagne.

» Et le roi Henri et sa bataille accueillirent puissamment ceux de la bataille du roi Pierre, qui grandement se défendirent, et Pierre y faisait beaucoup de chevalerie.

» Messire Bertrand et le Bègue assaillirent si âprement les batailles des Sarrasins avec leurs batailles, qu'ils en tuèrent beaucoup.

» Et bientôt sur eux se tourna la déconfiture, et les Sarrasins se prirent à fuir. Quand Altaire de Belle-Marine vit ses gens fuir, il vit bien qu'il ne pourrait supporter le combat contre messire Bertrand. Il partit de la bataille, et avec lui quatre émirs de son pays et grand nombre de Sarrasins.

» Dans les forêts entra Altaire de Belle-Marine, qui fut poursuivi bien hâtivement par messire Bertrand et le Bègue. Et tant fit messire Bertrand, qu'il atteignit les Sarrasins, qui, ensemble, se mirent avec Altaire.

» Là les Sarrasins furent enclos et assaillis de toutes parts ; mais ils se défendirent grandement, et endommagèrent fort les chrétiens, qui les assaillirent de plus en plus.

» C'était merveille de voir les armes que faisait messire Bertrand de sa seule personne ; car nul n'osait séjourner devant lui, et là où il se trouvait, il n'y avait personne de si osé qui approchât de lui : et tellement que plusieurs laissaient la besogne pour seulement le voir et le regarder. Et à la fin furent occis, Altaire, ses quatre émirs et leurs Sarrasins.

» Pierre tint ses batailles en grand arroi contre Henri, qui durement les assaillit. Et après la déconfiture des Sarrasins, messire Bertrand et le Bègue se retirèrent avec toutes leurs batailles et bannières dans les batailles du roi Henri. Là se renforça la bataille, fière et merveilleuse, et, en peu d'heures, la déconfiture tourna sur Pierre.

» Quand Pierre aperçut que la journée était contre lui, il se partit hâtivement de la bataille et s'en alla dans le château de Montiel, et avec lui quatre cents hommes d'armes. Grand' occision de Chrétiens, Juifs et Sarrasins fut faite sur les champs,et ils furent bien nombrés dans la bataille à trente-trois mille hommes morts. »

Nous ne voudrions pas garantir les chiffres du naïf chroniqueur ; ce qui est certain, c'est que le roi maure et son fils, et les meilleurs soldats de l'Aragon restèrent sur la place. Dans cette extrémité, Pierre le Cruel, qui sentait se briser entre ses mains son sceptre impie, cherchait au plus fort de la bataille son frère don Henri, content de tomber, s'il ôtait en même temps, à son frère, le trône et la vie. Du Guesclin arriva, qui enfonça les dernières troupes de don Pèdre.

Cette armée malheureuse laissa sur le champ de bataille drapeaux, bagages, chevaux, armes et munitions. Les chrétiens seuls furent épargnés après la bataille ; tout prisonnier, Juif ou Mahométan, fut égorgé sur l'heure.

Cette bataille de Montiel, dans son ensemble, dans ses détails, dans ses moindres prévisions, passe à bon droit pour le chef-d'œuvre de Bertrand du Guesclin. C'est sa bataille d'Austerlitz (13 août 1369). Il est difficile d'imaginer quoi que ce soit de plus dramatique que le récit laissé par Froissart des dernières péripéties de cette lutte. On assiste à toutes les angoisses du misérable vaincu. Pierre s'est retiré au château de Montiel ; mais les vivres manquent. « Ils étaient si près guettés de nuit et de jour, que pas un oiseau ne put partir du châtel, qu'il ne fût vu et aperçu. »

Cependant il fallait prendre un parti. Don Pèdre, « qui était là-dedans en grande angoisse de cœur, » résolut de sortir à *heure de minuit*, et de se remettre à la grâce de Dieu. Il faisait cette nuit-là *durement épais et brun*. Le camp de don Henri était plongé dans le silence ; enfin le roi avait mis le pied hors de la forteresse, retenant son souffle.

Au bruit que faisaient les chevaux, le Bègue de Vilaines, tirant sa dague :

« Qui là entre ? Parlez, ou vous êtes mort ! »

Ce disant, il le prit par le frein de son cheval. Il fallut se rendre.

« Bègue, Bègue, cria le fugitif, je suis le roi don Pèdre de Castille. Si je te prie, au nom de gentillesse, que nous mettes à sauveté, et me tires des mains de mon frère ! »

Sur ce, le Bègue amena don Pèdre dans sa tente, et alors don Henri accourut :

« Où est, dit-il, ce vilain juif qui s'appelle roi de Castille ? »

Alors s'avança le roi don Pèdre :

— « Mais c'est toi le vilain, car je suis fils du bon roi Alphonse. »

A ces mots, il prit à bras le roi Henri son frère, et l'abattit sous lui ; en même temps il tirait son poignard, lorsque, par un effort soudain, don Henri se relève, « lequel tira tantôt une coutille longue de Castille qu'il portait en écharpe, et lui en bourra au corps. Après que le roi Henri eut tué Pierre, il fit venir un varlet, et fit trancher la tête à Pierre.

» Ceux de Montiel surent bientôt la nouvelle de cela, et incontinent ils rendirent le château au roi Henri. Et il fit mettre la tête de Pierre sur le fer d'une lance, puis l'envoya devant son pavillon et fit pendre le corps sur la tour de Montiel. Puis le roi Henri chevaucha droit à Séville, et par le conseil de messire Bertrand, fit porter la tête de Pierre.

» Et brièvement ceux de Séville se rendirent au roi Henri, qui leur pardonna toutes offenses, et il fit mettre la tête dans la halle ; mais une nuit la tête du roi Pierre fut prise et jetée en la mer qui passe par Séville ; ce dont Henri fut dolent, car il la voulait faire porter à Tolède. » Quelque sympathie qu'on accorde au rival de Pierre le Cruel, on ne saurait évidemment excuser la férocité de pareilles mœurs.

Ainsi finit le roi don Pèdre de Castille, qui jadis avait régné en si grande prospérité. A l'avenir, don Henri possédera le royaume sans contestation.

Connétable de Castille, comte de Soria, duc de Molina (dignité qui lui valait bien vingt mille francs par an), du Guesclin pouvait désormais rêver le repos après tant de batailles ; mais il était de ces hommes qui ne se reposent que dans la tombe. L'Espagne pacifiée, restait la France, restait le roi de France, les deux amours de du Guesclin.

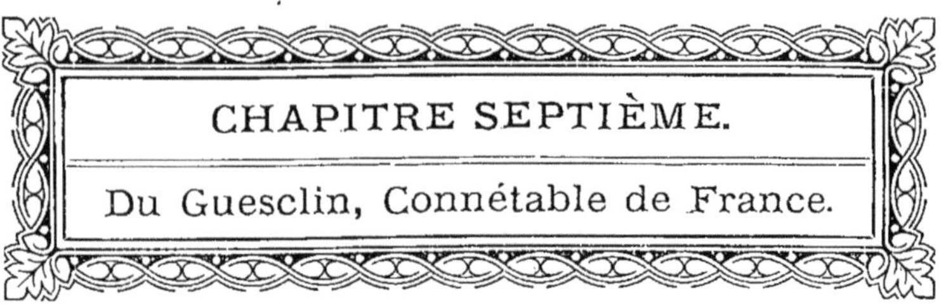

CHAPITRE SEPTIÈME.

Du Guesclin, Connétable de France.

ON HENRI, désormais roi de Castille, avait conclu avec Charles V, nous l'avons vu plus haut, un traité qui fut ratifié de part et d'autre le 20 novembre 1368, et aux termes duquel il s'engageait à faire, de concert avec les Français, la guerre au roi d'Angleterre et au prince d'Aquitaine, son fils.

Tandis que le roi de France se préparait habilement et en secret à profiter des circonstances que la mort de Pierre le Cruel faisait naître, le prince de Galles, déjà hydropique et hors d'état de se livrer aux emportements de son humeur guerrière, percevait sur les provinces d'Aquitaine des taxes assez lourdes, que n'avait point autorisées l'adhésion des États.

Les seigneurs d'Albret, d'Armagnac, de Comminges, de Périgord et toute la noblesse de Gascogne refusèrent généralement d'y consentir, alléguant que « leurs terres étaient franches de toutes dettes, et que, du temps passé qu'ils avaient obéi au roi de France, ils n'avaient été grevés ni pressés de pareilles impositions. »

Prières, menaces, rien ne put les ébranler ; ils protestèrent qu'ils défendraient leurs franchises autant qu'il serait en leur pouvoir.

Le prince de Galles, dont le caractère était aigri par la souffrance, poussa à bout les seigneurs gascons, malgré les sages conseils de Jean Chandos. Quand ces seigneurs représentèrent au prince l'état de leur pays et l'impossibilité où ils étaient de payer les sommes qu'il voulait leur imposer, ils n'obtinrent pour toute réponse qu'un ordre absolu d'obéir, et ils se retirèrent chez eux, résolus, plutôt que de céder, à se porter aux dernières extrémités.

C'est alors qu'après s'être concertés, ils prirent la résolution de s'adresser au roi de France pour porter plainte auprès de lui contre le prince de Galles, et lui demander justice comme au seigneur suzerain de la Guyenne. Aussitôt une députation, composée des comtes d'Armagnac, de Comminges, de Périgord, du seigneur d'Albret et de plusieurs prélats et nobles hommes, se mit en route pour Paris.

Charles V s'attendait à cet appel. Évidemment il en avait fait naître la pensée, et il était de ceux qui savent jusqu'où doit les pousser telle démarche, telle politique. Bien déterminé à prendre une revanche sur l'Angleterre lorsque le moment opportun serait venu, il cherchait à endormir les soupçons de ses ennemis, à leur donner le change sur ses intentions réelles.

Il fit donc attendre sa décision; et d'ailleurs, peut-être eût-il désiré que d'autres incidents surgissent pour mieux établir la réalité de ses droits et de ses griefs. Par le traité de Brétigny, le roi de France avait renoncé à toute suzeraineté sur la Guyenne : en vertu de quel titre pouvait-il recevoir l'appel des seigneurs gascons ?

Ses conseillers le tirèrent d'embarras en lui rappelant que les Anglais avaient les premiers méconnu les dispositions formelles du traité de Brétigny : 1º en ne retirant pas leurs garnisons des places fortes qu'ils devaient rendre au roi de France ; 2º en ne faisant point, comme ils y étaient tenus, des renonciations en forme relativement à la Normandie et à plusieurs autres provinces autrefois confisquées par Philippe-Auguste, en vertu de la sentence rendue par la cour des Pairs contre Jean-Sans-Terre.

Charles V pouvait donc invoquer des prétextes sérieux ; toutefois il différa encore, tandis que le prince de Galles dépérissait et s'éteignait lentement. A la fin, et sans déclarer encore la guerre, il se lia par un traité secret aux seigneurs de Gascogne, et donna en mariage à l'un d'eux, le sire d'Albret, la princesse Isabelle de Bourbon, sœur cadette de la reine.

Vers la même époque, il renouvela l'alliance qu'étant dauphin il avait faite avec l'empereur d'Allemagne Charles IV, et y fit entrer quelques-uns des plus puissants princes de ce pays. D'un autre côté, il s'assura fort habilement des sympathies, et, au besoin, du concours armé du roi d'Écosse.

Toutes ces mesures étant prises, il résolut d'agir à découvert, et, le 25 janvier 1369, en plein parlement et en présence de la cour des Pairs, il reçut et déclara recevoir les plaintes des seigneurs aquitains opprimés par le prince de Galles. Le même jour, il envoya à ce prince des commissaires chargés de lui notifier l'acte dont voici la teneur :

« Charles, par la grâce de Dieu roi de France, à notre neveu le prince de Galles et d'Aquitaine, salut.

» Comme ainsi soit que plusieurs prélats, barons, chevaliers, universités, communautés et collèges des marches et conflns du pays de Gascogne, demeurant et habitant ès bandes de notre royaume avec plusieurs autres du pays et duché d'Aquitaine, se soient tirés par devers nous et notre cour pour avoir droit d'aucuns griefs et molestations que vous, par faible conseil et simple information, leur avez proposé à faire, de laquelle chose sommes très étonné ; donc que, pour obvier et remédier à ces choses, nous nous sommes ligué et liguons avec eux, tant que, de notre Majesté Royale et Seigneurie, nous vous recommandons que vous veniez en notre cité de Paris en propre personne, et vous montriez et présentiez devant nous, en notre Chambre des Pairs, pour ouïr droit sur les dites complaintes et griefs émus de par vous à faire sur votre peuple, qui clame à avoir et ouïr ressort en notre cœur. Et à ce n'y ait point de faute, et soit au plus hâtivement que vous pourrez après ces lettres vues. En témoin de laquelle chose nous avons à ces présentes mis notre scel. Donné à Paris, le vingt-sixième jour du mois de janvier. »

Le vainqueur de Crécy et de Poitiers répondit, au reçu de ce message : « Nous irons volontiers à notre ajournement à Paris, puisque mandé nous est du roi de France ; mais ce sera le bassinet en tête et en compagnie de soixante mille lances. »

La guerre était déclarée. Les hostilités éclatèrent aussitôt dans la vallée de la Somme. Au nom du roi de France, le comte de Saint-Paul et Guy de Châtillon envahirent Abbeville, Saint-Valéry et quelques autres villes du comté de Ponthieu, qui ouvrirent leurs portes aux garnisons françaises.

D'autre part, des troupes anglaises venaient de débarquer à Calais. La tactique adoptée par Charles V et ses officiers consista à s'enfermer dans des villes bien closes et bien défendues, et à laisser les Anglais user leurs forces en ravageant inutilement les campagnes.

De son hôtel du quartier Saint-Paul à Paris, où il se tenait enfermé, le roi pouvait apercevoir les villages qui brûlaient ; mais le brave Clisson, — un émule de du Guesclin, — lui disait :

« Sire, vous n'avez que faire d'employer vos gens contre ces enragés ; laissez-les se fatiguer eux-mêmes ; ils ne vous mettront pas hors de votre héritage avec toutes ces lumières. »

Cependant il fallait faire face aux Anglais de tous les côtés à la fois. Dans le Midi, le duc d'Anjou, frère du roi, attaqua la domination du prince de Galles par le Languedoc ; le duc de Berry par le Poitou.

A Toulouse, le duc d'Anjou vit venir à lui un homme qui valait une armée, c'était du Guesclin.

Grâce à sa présence, à peine les opérations de la campagne furent-elles commencées, que Moissac, Agen, Tonneins, Port-Sainte-Marie, Montpezas se rendirent aussitôt.

Gautier de Mauny, gouverneur d'Aiguillon, ne put soutenir quatre jours de siège dans cette place, qui, sous le règne de Philippe de Valois, avait bravé pendant six mois une armée de cent mille hommes commandée par le roi Jean, alors duc de Normandie.

La défection était universelle partout où les garnisons anglaises n'étaient point assez fortes pour comprimer les habitants.

Le duc d'Anjou et du Guesclin avancèrent jusqu'à cinq lieues de Bordeaux, et conquirent en un mois plus de quarante villes, châteaux ou forteresses.

Ces succès jetaient l'étonnement et la terreur chez les Anglais. Le prince de Galles ne se crut pas en sûreté dans Angoulême. Sur le bruit qui courait que du Guesclin devait l'investir dans cette place, il se rendit à Cognac, où il indiqua le rendez-vous général de ses troupes. Il fut rejoint dans cette ville par son frère, le duc de Lancastre, qui lui avait amené un renfort considérable d'outre-mer.

Cependant les Français continuèrent la guerre dans le Limousin, dans le Quercy et le Rouergue. Chandos, le plus modéré des Anglais, fut alors tué dans une rencontre.

« Or, dit Froissart, furent trop durement dolents et déconfortés ces barons et ces chevaliers du Poitou, quand ils virent là leur sénéchal, monseigneur Jean Chandos, gésir en cet état, et qu'il ne pouvait parler. Si commencèrent à regretter et à dolorer moult amèrement en disant : Gentil chevalier, fleur de tout honneur, messire Jean Chandos, à mal fut le glaive forgé dont vous êtes navré et mis en péril de mort. — Là pleuraient moult tendrement ceux qui là étaient ; là tordaient les mains et tiraient leurs cheveux, et jetaient grands cris et grandes plaintes, par espécial les chevaliers et les écuyers de son hostel.»

Ce que le chroniqueur ne dit pas, mais qui ne saurait faire doute pour nous, c'est que du Guesclin lui-même regretta ce grand adversaire, chez lequel il avait toujours trouvé une générosité et une bonne foi égales à son courage.

Cette perte contribua à aigrir de plus en plus le prince de Galles ; mais sa colère n'eut plus de bornes quand il apprit que le duc de Berry venait de prendre Limoges.

Il partit donc de Bordeaux, en jurant par l'âme de son père qu'il punirait la ville ingrate. Il employa un mois à saper les murailles, et lorsqu'une large brèche lui eut livré les habitants sans défense, « il sembla, dit Lingard, que l'âme cruelle de Pierre de Castille eût passé dans le sein du héros anglais. » Non content de faire saccager la ville par ses soldats, il fit égorger trois mille habitants sans défense.

Le massacre de Limoges termina honteusement la carrière militaire du prince de Galles, qui avait commencé par la générosité et la gloire. Un grand changement s'était opéré chez ce prince depuis qu'il était revenu de son expédition d'Espagne. Son caractère était devenu sombre, implacable, et une morne tristesse ne le quittait plus.

Bientôt il vit mourir son fils aîné, âgé de six ans ; le violent chagrin qu'il en ressentit aggrava sa propre maladie, qui ne cessait d'empirer.

Les médecins lui conseillèrent alors de retourner en Angleterre, dans l'espoir, assez vague, que le climat de la terre natale pourrait lui rendre la santé. Édouard se résolut à suivre cet avis, et, après avoir conjuré tous ceux des barons d'Aquitaine qui lui gardaient encore fidélité d'obéir à son frère de Lancastre comme à lui-même, il quitta la France pour ne plus la revoir.

Cependant les Anglais ne désarmaient pas dans le Nord. L'armée commandée par le fameux Robert Knolles avait franchi l'Aube, la Marne et la Seine, et s'était plusieurs fois présentée aux portes de Paris. Charles V jugea alors qu'il était temps de confier la direction de la guerre à l'homme dont le nom seul suffisait pour frapper les Anglais de terreur.

Moreau de Fiennes, connétable de France, âgé de quatre-vingts ans, s'était démis de son emploi, en désignant du Guesclin pour son successeur, comme étant *le plus grand homme de guerre de son temps.*

Le duc de Bourgogne, frère du roi, ne consentit à remplir ces fonctions que jusqu'à l'arrivée de du Guesclin à Paris.

Alors, « par l'avis et conseil des nobles et prélats, et la commune voix de tout le royaume qui y aida, » le héros breton fut nommé Connétable de France.

Nous avons laissé le bon capitaine guerroyant dans le Midi, après avoir pacifié l'Espagne. Du pied des Pyrénées jusqu'au centre de la France, sa marche avait été un combat continuel ; mais aussi c'étaient à chaque pas de nouveaux renforts, de nouveaux soldats accourus sous son illustre bannière. Cette armée triomphante traverse le Languedoc, le Périgord, le Limousin, réveillant dans toutes les âmes l'instinct français, et, avec l'instinct, le courage. Dans les frémissements de ce peuple qui courait aux armes, on reconnaissait la France.

Les vieillards sortaient des chaumières pour voir du Guesclin, les enfants, aux bras de leurs mères, pour lui sourire ; les jeunes gens, prêts à le suivre, l'interrogeaient du regard ; l'espérance et la liberté de cette nation volaient à la suite du grand homme

Lui, cependant, il prenait en pitié ce royaume mutilé, ces villes encombrées d'ennemis, ces pauvres maisons pillées par les Anglais, ces campagnes fertiles privées de laboureurs; la plus vive commisération se peignait sur ce noble visage, et voilà pourquoi la France espérait, pourquoi l'Angle- était terre inquiète.

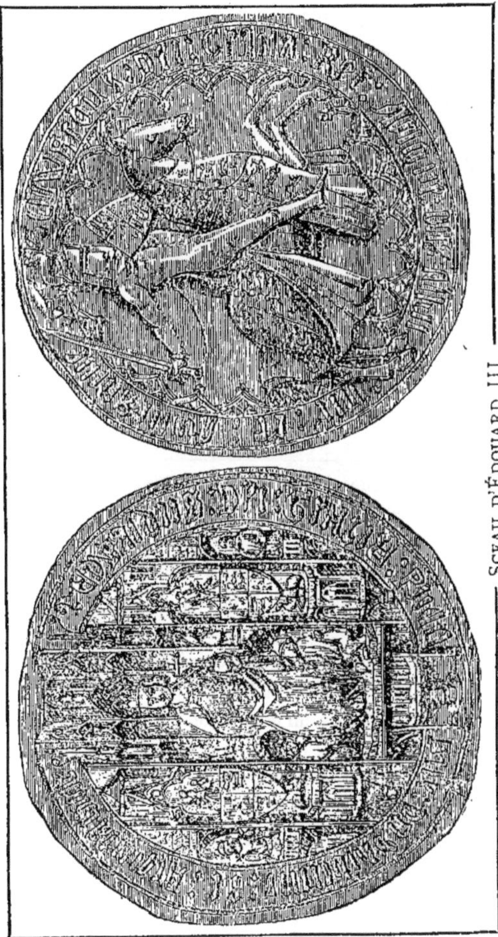

Au seul nom de du Guesclin, le roi d'Angleterre, cet Édouard III qui conservait dans un âge avancé l'activité de la jeunesse, s'était mis en marche; il avait envahi, nous l'avons vu, la Normandie et le Maine; il avait jeté Robert Knolles sous les murs de Paris, afin qu'au moins la ville ne fût pas secourue par le vainqueur de don Pèdre. Mais à peine a-t-il passé la Loire, que du Guesclin laisse son armée à son digne frère Olivier, et lui-même, sous l'habit et sur le cheval d'un marchand, il arrive à Paris à travers le camp des ennemis, qui ne se doutaient guère que ce manant qui passait était le connétable de France.

Rien qu'à le voir marcher, le peuple le reconnut. C'est Bertrand ! c'est l'homme attendu par la France ! On l'entoure, on le porte en triomphe à l'hôtel Saint-Paul, et le roi Charles V vient recevoir son ami sur le seuil du palais : « *Hé dieux ! se dit li rois, je t'ai bien désiré !* »

Bertrand refusait la haute dignité qui lui était offerte, disant qu'il était « un pauvre chevalier et un petit bachelier. »

Le roi insista vivement ; ses barons et ses conseillers en firent autant, et, à la fin, messire Bertrand connut bien «qu'*excusances* ne valaient rien ; si s'accorda finalement au vouloir du roi et fut pourvu de la connétablie, à la grand' joie de toute la chevalerie de France (1). »

1. On ne sait plus assez aujourd'hui quelles étaient les attributions et les insignes de ce haut commandement, qui fut aboli sous Louis XIV. Quelques notions historiques sur les origines de cette institution trouvent ici naturellement leur place.

Depuis Henri Ier, en 1030, jusqu'à Louis XIII, en 1627, se sont succédé quarante-deux connétables. — Sept connétables sont morts sur le champ de bataille ; quatre se sont battus contre le roi et contre la France ; deux sont morts de la main du bourreau ; l'un est tombé dans une émeute en 1418. Louis XIV, de son autorité royale, en abolit le titre aussi bien que la charge. — L'empereur Napoléon tenta, mais sans avoir grande envie de réussir, d'avoir un connétable ; il en fit un de son frère Louis Bonaparte, mais le seul connétable c'était Napoléon lui-même.

Cette dignité paraît remonter aux derniers empereurs de Rome et de Byzance.

Les rois de la première race eurent aussi leur *compagnon d'estable, comes stabuli*. En 585, le connétable Simegisile conspire contre le roi Childebert. En 1030, Henri Ier fait de cette charge toute militaire un office de la couronne. En 1090, le connétable s'appelle Montmorency. Sous Louis-le-Gros (1120), le connétable de Vermandois commande les armées royales. — Philippe-Auguste (1218) avait un Montmorency pour connétable, et le connétable était à Bouvines.

Saint Louis et Philippe de Valois augmentèrent l'importance de cette charge, à ce point qu'un des regrets de Louis XI était de s'être donné un connétable.

Le connétable recevait du roi seul l'investiture de sa charge ; les princes du sang

Voici l'acte du serment prêté par du Guesclin entre les mains du roi Charles V :

eux-mêmes, en présence des grands du royaume, lui ceignaient l'épée royale ; cette épée nue, la pointe haute, fleurdelisée et tenue par un gantelet de fer, le connétable la plaçait à droite et à gauche de ses armoiries.

Avec l'épée, le connétable avait le bâton, insigne du commandement. Sa solde était de soixante sous tournois par jour. Il prélevait une journée de solde sur tout militaire aux gages du roi ; il retenait une journée sur chaque officier ou soldat changeant d'*étables* (de garnison). Les chevaux, les harnais, les vivres pris dans les forteresses ennemies, appartenaient de droit au connétable. Il avait double paye les jours de bataille et d'assaut. Chemin faisant, il disposait de tout le butin, réservant au roi l'or et les prisonniers seulement.

Plus d'un connétable a puisé, pour remplir sa caisse personnelle, dans les coffres de l'État : témoin le sire de Clisson (1589), qui possédait un million sept cent mille livres de ce temps-là, ce qui représente quinze ou vingt millions d'aujourd'hui. Le connétable était de droit l'héritier des biens confisqués sur les coupables de haute trahison, et pour peu qu'il fût âpre à la curée, comme Clisson ou comme Montmorency, la confiscation n'était pas la source la moins importante de ses revenus. Les dignités et les honneurs du connétable égalaient ses autres privilèges.

Chef d'armée, il avait pour aide de camp le *maréchal de l'ost* (maréchal de camp); à lui appartenait le commandement des troupes réunies. Il réglait souverainement la police de l'armée ; il avait, pour sa garde, une compagnie d'ordonnance dont il ne devait compte à personne, sinon au roi. A l'armée, il plaçait les postes et les gardes ; son cri d'arme accompagnait le cri du roi ; il donnait le mot aux sergents d'armes ; il avait la nomination des capitaines d'infanterie ; il avait, de plus, le droit de grâce, un droit tout royal. La justice était rendue par son grand prévôt ; il était à lui seul toute la loi, toute la juridiction de l'armée ; il marchait dans Paris au son des trompettes ; il plantait sa bannière sur les villes prises par les troupes ; de son autorité privée, il pouvait accorder titres, noblesse et bannières de chevaliers. Officier de la couronne, il avait droit de vie et de mort sur les gens suivant la cour.

Il marchait d'ordinaire en avant et à la droite du roi. Au sacre et dans les cérémonies publiques, il portait l'épée nue devant la personne royale. Le souverain lui disait *mon frère*. Qui attentait aux jours du connétable se rendait coupable du crime de lèse-majesté. Il donnait des ordonnances en son propre nom. A la bataille, il menait la première ligne ; à la retraite, l'arrière-garde : il passait les revues des troupes, les levait et les licenciait.

Tels étaient les privilèges que Charles V venait de réunir sur la tête de son « amé et féal » du Guesclin.

« Bertrand du Guesclin, très brave, très noble et très honnête chevalier, — *probus inter omnes*, — connétable de France ;

» Que Dieu lui accorde une longue vie sur la terre, une place à ses côtés dans le repos éternel, en récompense de tant de gloire et de grandes actions !

» Le dit jour du 11 octobre 1370, dans son hôtel de Saint-Paul, le roi notre sire a reçu serment de Bertrand du Guesclin, et l'a mis en possession de sa charge, en lui confiant de sa main une épée nue, en présence des pairs du royaume (1). »

1. Il est intéressant de lire dans les vieux conteurs le récit de cette solennité.

Dès que le roi connut la venue de du Guesclin, il lui envoya pour lui faire honneur, deux lieues hors de Paris, messire Bureau de la Rivière. Le peuple s'était ému de joie à la nouvelle de l'arrivée du grand chevalier. On criait *Noël*, comme on eût fait au roi, dit le chroniqueur, « si de lointain pays fût venu. » « Bien vienne celuy par qui France sera recouvrée ! » criait-on encore.

On eût dit l'approche d'un libérateur. Le roi le reçut avec honneur dans son palais ; il ne cessait de l'interroger sur sa vie et sur ses aventures, et à chaque question, le modeste chevalier répondait en s'agenouillant ; mais toutes les fois le roi le relevait.

Il le fit souper à sa table et « grand'joie fut à la cour démenée pour sa venue. »

Mais le roi réservait pour le lendemain une imposante solennité. Il rassembla son conseil, et là, entouré des plus nobles chevaliers de France, il fit un discours où il développa sa politique et ses desseins. Il disait les perfidies anglaises, les malheurs de la France et la résolution prise de venger tant de maux.. Il avait besoin de l'aide de ses seigneurs, attestant que « nul prince ne jouira paisiblement de sa terre, si du tout il n'est en l'amour de ses sujets. » Il voulait leur assentiment pour les desseins qu'il avait formés ; il lui fallait entreprendre une rude guerre contre les Anglais, et il avait besoin d'un chevalier loyal, brave et sage, pour la conduire avec succès.

« En grand'vieillesse, ajouta-t-il, est tombé notre très cher et aimé cousin, messire Moreau de Fiennes, qui plus armer ne se peut. Pour ce, à nous est advenu que, pour nos guerres maintenir, personne n'apparaît à qui l'épée soit mieux due qu'à messire Bertrand du Guesclin ; mais nous voulons élire un connétable à votre gré, bien que de notre autorité le puissions faire, s'il nous plaisait. Si répondez si c'est votre plaisir. »

A ces paroles du roi, tous applaudirent ; il n'y eut duc, comte, chevalier ou bourgeois qui « sa voix ne donnât » au vaillant homme de guerre.

Le jour de son serment, du Guesclin avait juré que cette épée confiée à sa garde ne rentrerait dans le fourreau que lorsque l'Anglais serait chassé de la terre de France.

Par une de ses inspirations soudaines, le nouveau connétable arrête aussitôt qu'on attaquera l'Anglais, non pas en le refoulant de Paris à la mer, mais, au contraire, en remontant les provinces conquises, à commencer par la Normandie. Ainsi sera coupée toute retraite.

Quant à la ville de Paris, il laisse l'ennemi sous ses murs : Paris est assez fort pour se défendre jusqu'au jour où l'ennemi lèvera le siège, s'il ne veut pas être pris entre deux armées.

« Le roi le fit alors entrer au conseil, et doucement lui dit :

« Ami Bertrand, pour votre loyauté et bravoure, à vous qui êtes le plus exercé en chevalerie de tout notre royaume, nous voulons vous bailler un office où bien pourrez votre honneur exalter. Pour ce, vous prions que vueillez prendre la connestablie de notre royaume, dont soit déchargé notre cousin de Fiennes par son grand âge. »

» Messire Bertrand remercia le roi humblement, et lui dit :

« Sire, à votre commandement j'obéirai volontiers, et bien y suis venu. Je sais bien que l'office est grand, et petitement employé en moi, qui suis un pauvre chevalier ; mais, en vérité, Sire, je ne prendrai point l'épée si vous ne me donnez un don qui n'abaissera en rien votre honneur ni votre finance.

— Ami, dit le roi, bien pouvez demander sûrement ce qu'il vous plaira, car à peine vous voudrais-je rien refuser.

— Sire, dit Bertrand, je sais bien que, par la flatterie qui règne dans les cours, les princes ont souvent mauvais vouloir contre leurs sujets. Pour ce vous veux prier que, si de ma personne nul homme vous est médisant en arrière de moi, vous ne le veuillez croire, jusques à tant qu'il en ait dit autant en ma présence. »

» Cette chose lui octroya débonnairement le roi, l'épée en sa main, toute nue. Et devant lui fut messire Bertrand à genoux, qui l'épée reçut, et baisa le roi messire Bertrand en la bouche, et se leva. »

Telle fut l'admirable scène. Ainsi était montré du Guesclin à la chevalerie de France et d'Angleterre, avec ce haut titre de connétable qui lui remettait la conduite de toutes les forces du royaume.

A partir de ce moment, l'histoire du chevalier s'agrandit ; elle s'associe avec celle du monarque.

Ces dispositions arrêtées en conseil, le connétable se rend à Caen en toute hâte. Son château de Pontorson était sur la route ; il s'arrête à peine un instant, le temps de revoir sa femme tant aimée, la dame de Raguenel, qui s'était attachée de si bonne heure à la fortune du héros.

A l'appel du connétable se rendent soudain les meilleurs chevaliers de tout le royaume de France et du duché de Bretagne. La liste de ces chevaliers existe encore. On y rencontre les plus beaux noms de Bretagne, avec les noms des seigneurs espagnols qui, des plaines de la Castille, avaient suivi la fortune du connétable.

Cette liste ou « monstre », comme on disait alors, nous donne l'idée d'une armée à laquelle rien ne manque pour bien faire, ni les soldats, ni les capitaines.

Avant de se mettre en marche, le connétable donna un grand dîner en son château de Pontorson. Là fut servie pour la première et la dernière fois la vaisselle d'or du roi don Pèdre, que don Henri avait donnée à son connétable. Le dîner achevé, cette vaisselle d'or, et sa propre vaisselle d'argent, et tous les joyaux de sa femme, du Guesclin les partagea entre les hommes d'armes qui allaient l'accompagner dans les hasards : noble conduite, surtout comparée à l'avidité dont fera preuve le connétable Olivier de Clisson.

Alors enfin commence cette incroyable série de victoires qui se peuvent appeler à bon droit les revanches de la France.

En peu de jours, du Guesclin s'était trouvé à la tête de douze mille hommes, chevaliers, écuyers et gens de toutes armes.

Olivier de Clisson, qui avait d'abord suivi le parti des Anglais et qui avait passé au service du roi, remontra au connétable qu'il n'y avait pas de raisons d'engager plus de gens qu'il n'en pouvait payer, et il en reçut cette réponse :

« Je ne saurais refuser les offres de service que me font tant de braves soldats ; leur métier est la guerre ; il faut les y employer ou les laisser oisifs ; ce serait les abandonner à la misère, qui en ferait des voleurs, les forcerait à mille mauvaises actions pour subsister, et les conduirait à périr honteusement. J'aime mieux les avoir avec moi et les occuper. Ils me serviront à faire payer aux Anglais l'argent qu'il m'en coûtera pour les équiper, à quoi je sacrifierai mes meubles, après y avoir sacrifié les joyaux de ma femme. Mon pis-aller sera que le roi me dédommage de ce que j'aurai dépensé pour son service. »

Clisson, étonné de ce discours, dit alors avec admiration :

« Je n'avais pas encore bien connu du Guesclin. »

Cet incident fut vraisemblablement l'occasion de l'alliance d'armes que les deux guerriers conclurent avant de quitter Pontorson. Par ce traité, ils s'alliaient à toujours contre tous ceux *qui peuvent vivre et mourir*, excepté contre le roi de France, ses frères, le vicomte de Rohan et les autres seigneurs de qui ils tiennent terres; promettant de s'aider et secourir mutuellement, de partager ensemble par moitié tous les profits de la guerre, et de se garder réciproquement corps, honneurs et biens.

Sur ces entrefaites, Robert Knolles reçut ordre de partir pour l'Aquitaine, et du Guesclin, avec son armée, se porta dans la direction du Maine.

Un parti d'Anglais était cantonné à Pontvalain, dans cette province, sous les ordres de Thomas Grandson, lieutenant du connétable d'Angleterre. Cet officier, ayant eu bruit de l'approche de du Guesclin, l'envoya défier.

« Les Anglais ne m'attendront pas longtemps ! » répond Bertrand.

Et il se porta en toute hâte vers les quartiers de Thomas Grandson, dans le but de surprendre son ennemi.

Pendant toute la nuit, la pluie et le vent, tout en rendant sa marche plus difficile, contribuèrent à la dérober aux Anglais.

Au point du jour, la troupe française commença l'attaque en poussant le cri de guerre : « Guesclin ! Guesclin ! Montjoie et Saint-Denis ! » et les Anglais, soudainement attaqués par le connétable, furent rompus et dispersés.

Comme ce combat eut une influence décisive sur le reste de la campagne, nous croyons devoir en emprunter les détails au chroniqueur qui nous a souvent charmés déjà par ses pittoresques récits, l'auteur du *Roman de Sire Bertrand* :

« Quand messire Bertrand sut que les Anglais étaient assemblés près de Pont-Valain, hâtivement il conduisit là tout droit sa chevalerie. Et cette nuit-là, messire Bertrand faisait l'avant-garde, et avec lui messire Olivier de Mauny, son frère, messire Alain de Beaumont ; et en sa bataille il avait cinq cents combattants ; mais il chevauchait si hâtivement, que ses gens ne le pouvaient suivre, mais étaient par troupes et par troupeaux, et ne se pouvaient réunir à cause de l'obscurité de la nuit, et sous plusieurs cavaliers mouraient leurs chevaux de fatigue.

» Messire Bertrand creva un cheval cette nuit-là. Tant chevaucha messire Bertrand, qu'au point du jour il approcha de Pont-Valain, et regarda autour de lui, et de toutes ses gens d'armes ne trouva avec lui qu'environ deux cents hommes d'armes. Messire Bertrand fit descendre ses gens à pied, et secouer leurs vêtements, qui étaient mouillés de pluie ; puis il fit ressangler les chevaux. A cette heure cessa la pluie, et le soleil se prit à se lever, qui échauffa le temps, ce dont les Français se réjouirent.

» Alors messire Bertrand et sa chevalerie montèrent à cheval, et ils chevauchèrent tant, que dans une vallée ils aperçurent les Anglais qui se voulaient loger. Messire Bertrand envoya devant ses coureurs, qui avisèrent les Anglais et les nombrèrent bien à huit cents chevaliers et écuyers. Après messire Bertrand fit descendre ses gens en ordonnance de bataille, et toujours lui venaient des gens.

» D'autre part était messire Thomas de Grandson, qui ordonna ses batailles. Messire Bertrand fit déployer ses bannières, et les Anglais furent fort ébahis quand ils virent les Français en ordonnance, car ils ne croyaient pas les voir sitôt, et ils dirent bien que Bertrand s'était levé bien matin.

» En ordonnance, bien serrés et tous à pied partirent les corps de bataille pour venir l'un contre l'autre. A l'assembler fut grand le froissis des lances, et longuement ils se combattirent des lances, sans pouvoir entrer les uns dans les autres ; puis les Français prirent des haches, et firent tant, qu'ils entrèrent dans les rangs des Anglais. Là il y eut une bataille fière et merveilleuse, car les Anglais se défendirent hardiment ; et nonobstant à l'assembler il en mourut bien deux cents ; mais messire Thomas renforça la bataille en criant son enseigne, assembla fièrement contre les Français et fit tant d'armes, que c'était merveille à voir.

» A cette attaque que fit messire Thomas, les Français furent fort grevés ; mais brièvement vinrent le maréchal d'Audrehem, le comte du Perche, messire Jean de Vienne et messire Olivier de Clisson avec sept cents hommes d'armes. Là se renforça la bataille des Français, et fort fièrement ils entrèrent dans les batailles des Anglais, qui en peu d'heures furent déconfits. »

Tandis que les Anglais prenaient leurs quartiers d'hiver, et que Robert Knolles, leur chef, au lieu de tirer vengeance de la défaite de Pont-Valain, se retirait dans une de ses terres de Bretagne, du Guesclin songea à profiter de sa victoire.

Apprenant que les débris du corps d'armée de Granson s'étaient réfugiés à Saint-Maur, célèbre abbaye située près de la Loire, il résolut de les attaquer dans cette forte position.

Les Anglais ne l'attendirent pas, et, ayant livré aux flammes l'abbaye de Saint-Maur, ils se replièrent sur Bressuire. Du Guesclin les poursuivit, les atteignit et les tailla en pièces. La garnison de Bressuire, ayant refusé de se rendre, fut attaquée et passée au fil de l'épée.

Mais la saison était trop mauvaise pour tenir la campagne. Du Guesclin se retira à Saumur. Ce fut là qu'il reçut le même jour deux courriers, l'un expédié par le roi de France, l'autre par le roi de Castille : ce dernier envoyait au connétable deux mulets chargés d'or et de pierreries. Quant au courrier de Charles V, il apportait au connétable l'injonction formelle de congédier les troupes jusqu'au printemps, et de se rendre sans délai auprès de sa personne pour concerter ensemble les opérations de la campagne suivante.

Il demanda au courrier s'il avait amené avec lui quelques bonnes voitures d'argent, pour payer l'armée.

« Il s'en faut bien, répondit cet homme ; j'en ai si peu moi-même que, si vous ne me faites pas la grâce de m'en prêter pour mon retour, je serai obligé de vendre mon cheval et d'aller à pied. »

Du Guesclin fut piqué de l'aventure et de ce que le roi, en lui demandant de congédier ses soldats, ne lui envoyait pas de quoi les aider à passer l'hiver sans solde. Pour y subvenir, il leur distribua tout l'argent qu'il venait de recevoir d'Espagne, persuadé que le roi était trop équitable pour ne pas lui rembourser de si grandes avances. A cet égard, son attente ne fut pas trompée.

Le 3 mars suivant, naquit le second fils du roi Charles V,

Louis, duc d'Orléans. Quand les cérémonies du baptême furent achevées, le connétable, qui avait l'honneur d'être parrain de l'enfant, tirant son épée, la mit dans les mains du jeune prince et lui dit :

« Monseigneur, je vous donne cette épée et la mets en votre main, et prie Dieu qu'il vous donne tel et si grand cœur, que vous soyez un jour aussi preux et aussi bon chevalier que fut oncques roi de France qui portât épée. »

L'année 1371 s'acheva sans être marquée par de grands événements militaires ; il est vraisemblable que la pénurie d'argent contraignait les rois de France et d'Angleterre à ralentir leurs coups. Quelques seigneurs d'Aquitaine, offensés par les Anglais, se donnèrent à la France ; le sire de Montpaon livra son château aux Bretons qui tenaient garnison à Périgueux pour le duc d'Anjou ; il fallut au duc de Lancastre onze semaines d'efforts pour reprendre cette petite citadelle. Les barons du Poitou, demeurés fidèles aux Anglais, attaquèrent Montcontour, s'en rendirent maîtres et massacrèrent la garnison française.

Quant à du Guesclin, il prit et ruina quelques châteaux que les Anglais tenaient en Auvergne, et, après un siège partagé en deux périodes, il s'empara d'Usson, non loin de Brioude.

Le château du Pas fut aussi emporté, à la grande joie de l'armée française, indignée d'avoir entendu le gouverneur anglais appeler un connétable de France *son ami, son cher ami !* Au pied de la tour, avant de marcher à l'assaut, un jeune Breton, Roulequin de Tameval, se jeta aux pieds du connétable, le priant de l'armer chevalier.

De là, nous suivons le héros breton à Saint-Maur, place forte entre l'Anjou et le Poitou, sur le bord de la Loire, qui remplit les fossés du château.

Il faut le dire, les Anglais se défendent à merveille. Sont-ils les moins forts, ils mettent le feu à la place et ils vont chercher d'autres murailles à défendre.

Le temps nous manque pour compléter comme il conviendrait le récit de ces « belles apertises d'armes ». Il faudrait suivre du Guesclin encore pendant dix ans, non pas seulement à Saumur et à Saint-Maur, mais dans toutes les parties du royaume de France occupées par les Anglais d'Édouard III, du prince de Galles et du duc de Lancastre.

Le Poitou, la Saintonge, la Guyenne, l'Auvergne, sentent la présence de ce grand homme ; pas une de ces places qu'il n'ait prise ; pas une ville dont il n'ait chassé les Anglais. On se perd dans ces détails de mines et de contre-mines, d'assauts et de sorties ; il n'est pas une muraille si haute que l'épée de du Guesclin ne touche aux créneaux. On cite telle ville, la ville de Poitiers, par exemple, qui fut prise en vingt-quatre heures et comme par hasard. D'autres villes se rendaient par amour pour la France ; la prise de La Rochelle fut un coup de fortune. Dans cette ville bien gardée, les Anglais avaient établi le chef-lieu de leur tyrannie ; les bourgeois eux-mêmes reprirent cette ville qui était à eux, et, la ville prise, ils l'envoyèrent dire au connétable, étonné de rencontrer des bourgeois aussi braves que lui.

Cette affaire de La Rochelle a inspiré à Froissart quelques pages vives et piquantes, que le lecteur sera heureux de rencontrer ici.

« En ce temps, dit le chroniqueur, ceux de La Rochelle étaient en traités secrets et couverts devers Yvain de Galles qui les avait assiégés par mer, et aussi devers le connétable de France qui se tenait alors à Poitiers ; mais ils n'en osaient rien découvrir, car leur château était encore en la possession des

Anglais, et sans le château ils n'osaient nullement se tourner Français. Jean Devereux en étant parti pour secourir ceux de Poitiers, il y établit un écuyer comme gardien, qui s'appelait Philippot Mansel, qui n'était pas trop soucieux, et environ soixante compagnons demeurèrent avec lui.

» A ce temps il y avait dans la ville de la Rochelle un maire extrêmement aigre et subtil en toutes ces choses, et bon Français de courage, ainsi qu'il le montra ; car quand il vit que c'était à point, il mit en œuvre sa subtilité, et déjà il s'en était découvert à plusieurs bourgeois de la ville qui étaient dans son accord. Ledit maire, qui s'appelait Jean Chaudrier, savait bien que ce Philippot qui était gardien du château, bien qu'il fût bon homme d'armes, n'était pas soucieux ni pénétrant, et sans aucune mauvaise malice. Il le pria donc un jour à dîner avec lui et quelques bourgeois de la ville. Ce Philippot, qui n'y pensait que tout bien, le lui accorda et y vint. Comme on s'assit au dîner, sire Jean Chaudrier, qui était tout pourvu de son fait, et qui en avait informé les compagnons, dit à Philippot :

« J'ai reçu depuis hier, de par notre cher seigneur le roi d'Angleterre, des nouvelles qui bien vous touchent.

— Et quelles sont-elles ? répondit Philippot.

— Je vous les montrerai, dit le maire, et les ferai lire en votre présence, car c'est bien raison. »

» Alors il alla en un coffre et prit une lettre toute ouverte, anciennement faite et scellée du grand scel du roi d'Augleterre, qui ne touchait en rien à son fait, mais il l'y fit toucher par grand sens, et dit à Philippot :

« La voici. »

» Alors il lui montra le scel, auquel il le confia assez, car il le reconnut fort bien ; mais il ne savait pas lire, ce à cause de

LA ROCHELLE.

quoi il fut déçu. Sire Jean Chaudrier appela un clerc qu'il avait tout averti et avisé de son fait, et lui dit :

« Lisez-nous cette lettre. »

» Le clerc la prit, et lut ce qui n'était point en la lettre, et il parlait, en lisant que le roi d'Angleterre commandait au maire de La Rochelle qu'il fît faire la revue de tous les hommes d'armes demeurant en La Rochelle, et qu'il lui en écrivît le nombre par le porteur de ces lettres, car il le voulait savoir ; et aussi de ceux du château, car il espérait bientôt venir là et arriver.

» Quand ces paroles furent toutes dites, ainsi qu'on lit une lettre, le maire appela ledit Philippot, et lui dit :

« Châtelain, vous entendez ce que le roi notre sire me mande et commande ; si bien que, de par lui, je vous commande que demain fassiez votre revue de vos compagnons en la place devant le château, et tantôt après la vôtre je ferai la mienne, pour que vous la voyiez aussi ; et cela vaudra mieux en cette place ; ainsi donc nous en écrirons l'un par l'autre la vérité à notre très cher seigneur le roi d'Angleterre ; et aussi, s'il faut de l'argent à vos compagnons, je vous en prêterai, pour que vous puissiez les payer de leurs gages ; car le roi d'Angleterre notre sire le commande ainsi, en une lettre close par laquelle il me mande que je lui paye sur mon office.

» Philippot, qui ajoutait à toutes ces paroles grand'loyauté, lui dit :

— Maire, puisque c'est demain que je dois faire ma montre, je la ferai volontiers, et les compagnons en auront grand'joie, puisqu'ils seront payés, car ils désirent avoir de l'argent. »

» Alors ils laissèrent les paroles sur tel état, et allèrent dîner, et furent tout aises. Après dîner, ce Philippot se retira dans son château de La Rochelle et conta à ses compagnons tout ce que vous avez ouï, et leur dit :

« Seigneurs, faites bonne chère, car demain, tantôt après votre montre, vous serez payés de vos gages, car le roi l'a ainsi mandé et ordonné au maire de cette ville, et j'en ai vu les lettres. »

» Les soldats, qui désiraient avoir de l'argent, car on leur devait trois mois ou davantage, répondirent :

« Voici de riches nouvelles ! »

» Et ils commencèrent à fourbir leurs bassinets, à dérouiller leurs cottes de fer et à éclaircir leurs épées ou armures telles qu'ils les avaient.

» Ce même soir, sire Jean Chaudrier se pourvut tout secrète-ment, et informa la plus grand'partie de ceux de La Rochelle qu'il savait de son accord, et leur donna à ordonnance pour le lendemain, afin qu'ils sussent comment ils se maintiendraient.

» Assez près du château de La Rochelle, et sur la place où cette revue se devait faire, il y avait de vieilles maisons où nul ne demeurait. Alors le maire dit que là-dedans on ferait une ambuscade de quatre cents hommes d'armes, et quand ceux du château seraient sortis dehors, ceux-là devraient se mettre entre le château et eux et les entourer ; ainsi seraient-ils attrapés, et il ne voyait pas qu'il les pût avoir par un autre moyen.

» Ce conseil fut tenu, et furent nommés et élus ceux de la ville qui devaient être à l'embuscade ; et ils y allèrent tous secrète-ment très avant dans la nuit, tous armés de pied en cap et informés de ce qu'ils feraient.

» Quand ce vint au matin, après le soleil levant, le maire de La Rochelle et les jurés, et ceux de l'office tant seulement, sortirent tout désarmés, par tromperie, pour attirer plus facilement ceux du château, et s'en vinrent sur la place où la revue se devait faire ; et ils étaient montés chacun sur bons gros coursiers pour aussitôt partir quand la mêlée commencerait. Le châtelain, sitôt qu'il les vit apparaître, hâta ses compagnons et dit :

« Allons, descendons là en la place, on nous attend. »

» Alors partirent du château tous les compagnons sans nul soupçon, qui voulaient faire leur revue et qui attendaient de l'argent, et il ne demeura au château que varlets et serviteurs ; et ils vidèrent la porte et la laissèrent tout ample ouverte, parce qu'ils pensaient bientôt y retourner ; et ils s'en vinrent sur la place se mettre en revue devant le maire et les jurés qui campaient là. Quand ils furent tous en une troupe, le maire, pour les embarrasser, leur parla et disait à l'un et à l'autre :

« Vous n'avez pas encore tout votre harnais pour prendre de pleins gages ; il le vous faut amender.

» Et ceux-ci disaient : — Volontiers. »

» Ainsi en parlant et en causant il les tint tant, que l'embuscade sauta dehors, armés si bien que rien n'y manquait ; et ils se mirent tantôt entre le château et eux, et se saisirent de la porte.

» Quand les soldats virent cela, ils connurent bien qu'ils étaient trahis et déçus. Aussi furent-ils bien ébahis, et à bonne cause. A ce coup le maire partit et tous les jurés à cheval, et laissèrent leurs gens continuer, qui bientôt furent maîtres de ces soudoyés, qui se laissèrent prendre bellement, car ils virent que défense n'y valait rien.

» Les Rochelais les firent là un à un désarmer sur la place, et les menèrent en prison en la ville en divers lieux, dans les tours et dans les portes de la ville, où ils n'étaient pas plus de deux ensemble.

» Assez tôt après cela vint le maire tout armé sur la place et plus de mille hommes en sa compagnie. Et il se dirigea incontinent vers le château, qui sur l'heure lui fut rendu, car il n'y avait que mêmes gens, servantes et varlets, en qui il n'y avait aucune défense : mais ils furent tout joyeux quand ils se purent rendre et quand on les laissa en paix. Ainsi fut reconquis le château de La Rochelle. »

Une fois ce bon tour joué aux soldats de Sa Gracieuse Majesté le roi d'Angleterre, les bourgeois de La Rochelle ne demandaient pas mieux que de se donner à Charles V, eux et leur bonne ville ; mais ils y mirent des conditions que le roi de France jugea prudent d'accepter.

« Quand ils eurent ainsi fait, ils mandèrent au duc de Berry qu'il vînt là s'il lui plaisait, et qu'on le recevrait volontiers au nom du roi de France, et qu'ils feraient tout ce qu'ils devaient faire. Le duc de Berry y envoya monseigneur Bertrand, le connétable, qui avait commission et procuration de prendre possession pour le roi de France. Alors ledit connétable partit de Poitiers avec cent lances, selon l'ordonnance du duc de Berry, et chevaucha tant qu'il vint en la ville de La Rochelle, où il fut reçu à grand'joie, et montra pour cela procuration dudit roi son seigneur qui l'avait établi dans ces pays par delà comme représentant sa personne.

» Il prit donc la foi et l'hommage des hommes de la ville et y séjourna trois jours, et tous hommages lui furent faits ainsi que proprement au roi, et il y reçut grands dons et beaux présents, et aussi il en donna foison aux dames et aux damoiselles ; et quand il eut ainsi fait fête et joué, il partit de La Rochelle et retourna à Poitiers. »

La prise de cette ville avait entraîné la conquête entière du Poitou. Qui n'eût pensé qu'à la seule menace du siège de

Thouars, l'Angleterre ne dût accourir avec toutes ses forces ?

En effet, la flotte anglaise était prête. Elle apportait les Salisbury, les Warwick, les Suffolk, les Arundel ; mais le même vent qui avait poussé au large de Saint-Valéry la flotte de Guillaume le Conquérant arrêta la flotte du prince de Galles, et la ville de Thouars se rendit le jour de la Saint-Michel.

A cette nouvelle, Édouard III dit avec amertume :

« Jamais on n'a vu en France un roi qui combatte si peu, et qui donne tant à faire à ses ennemis. »

Une campagne peu sanglante de trois à quatre mois avait suffi à l'affranchissement du Poitou, de l'Aunis, de l'Angoumois et de la Saintonge ; les Anglais n'y tenaient plus que Niort, Mortagne-sur-Mer, Lusignan, et huit ou dix châteaux-forts.

Il y eut toutefois, pendant cette période, une grande bataille, celle de Chisey, dans laquelle on trouve *moult étoffement de chevaliers et d'écuiers*, la fleur des gens d'armes de Bretagne, de Normandie, de Bourgogne, Auvergne, Limousin et Maine, et *grand' foison d'étrangiers*. Nous en emprunterons encore le récit détaillé à Froissart, à cause du rôle prépondérant qu'y a joué du Guesclin.

Les Anglais étaient arrivés depuis peu et s'étaient établis en embuscade devant Chisey.

« Ces nouvelles, dit le chroniqueur, vinrent au logis du connétable, que les Anglais étaient venus là et arrêtés auprès de ce bois pour combattre. Aussitôt le connétable fit tout tranquillement armer tous ses gens et se tenir en leur logis sans se montrer, et tous ensemble ; et il pensa d'abord que les Anglais dussent, de suite, venir jusques à leur logis pour les combattre ; mais ils n'en firent rien, ce dont ils furent mal conseillés, car s'ils fussent venus hardiment, ainsi qu'ils chevauchaient, et s'ils avaient attaqué ces logis, plusieurs supposent qu'ils auraient déconfit le connétable et ses gens, et, avec tout cela, que ceux de la garnison de Chisey pussent sortir dehors, ainsi qu'ils firent.

» Quand messire Robert Middleton et messire Martin l'Écossais virent apparaître les bannières et les pennons de leurs compagnons, ils furent tous réjouis et dirent :

« Or tôt, armons-nous et partons d'ici ; car nos gens viennent combattre nos ennemis, et c'est raison que nous soyons à la bataille. »

» Tous les compagnons de Chisey furent bientôt armés, et se trouvèrent bien soixante armures de fer. Ils firent donc baisser le pont et ouvrir la porte, et se mirent tout dehors, et firent clore la porte et lever le pont après eux. Quand les Français en virent l'ordonnance, eux qui se tenaient armés et tout tranquilles en leur logis, ils dirent :

« Voici ceux du château qui sont sortis et nous viennent combattre.

— Là, dit le connétable, laissez-les venir en avant ; ils ne peuvent faire de mal. Ils pensent que leurs gens doivent venir pour vous combattre bientôt, mais je n'en vois nul apparaître. Nous déconfirons ceux qui viennent, et ainsi nous aurons moins à faire. »

» Comme il disait cela, voici les deux chevaliers anglais et leur troupe, tous à pied et en bon ordre, les lances devant eux et criant : *Saint Georges ! Guyenne !* Et ils se jettent sur ces Français. Ils furent aussi fort bien accueillis. Là il y eut beaucoup de bonnes escarmouches et dures, et beaucoup de grandes habiletés d'armes y furent faites ; car les Anglais, qui n'étaient qu'un petit nombre, combattaient sagement, et se retiraient toujours, en combattant autant qu'ils pouvaient, car ils pensaient que leurs gens devaient venir ; mais ceux-ci ne vinrent pas, ce pourquoi ils ne purent soutenir le poids des Français, et furent tout d'abord tout déconfits, morts et pris. Jamais nul des leurs ne rentra au château, et puis les Français se réunirent tous ensemble.

» Ainsi furent pris messire Robert Middleton et messire Martin l'Écossais, et leurs gens tout d'abord, sans que les Anglais, qui se tenaient sur les champs, en sussent rien. Or, je vous dirai comment il advint de cette besogne. Messire Jean Devereux et messire Dagworth et les autres considérèrent qu'il y avait là bien entre eux trois cents pillards bretons et poitevins qu'ils tenaient de leurs gens. Et ils les voulurent employer, et leur dirent :

« Entre vous, compagnons, vous vous en irez devant escarmoucher ces Français, pour les attirer hors de leurs logis, et tout aussitôt que vous serez aux prises avec eux, nous viendrons sur le flanc en frappant et les mettrons par terre. »

» Il fallut que ces compagnons obéissent, puisque ces capitaines le voulaient, mais cela ne semblait pas bien à chacun.

» Quand ils se furent séparés des gens d'armes, ils approchèrent des logis des Français et vinrent bien et hardiment jusque près de là. Le connétable et ses gens qui se tenaient dedans leurs palissades, se tinrent tous cois et sentirent que les Anglais les avaient envoyés pour les attirer. Quelques-uns de ces Bretons qui étaient parmi les gens du connétable, vinrent jusques aux barrières de leurs palissades et trouvèrent que c'étaient Bretons et Poitevins et gens rassemblés. Les Bretons leur dirent donc, de la part du connétable :

« Vous êtes bien méchantes gens qui vous voulez faire occire et découper pour ces Anglais, qui vous ont tant fait de maux ; sachez que, si nous venons à bout de vous, aucun n'en sera pris à merci. »

» Ces pillards entendirent ce que les gens du connétable leur disaient ; et ils commencèrent à murmurer ensemble, et ils

LE CAMP DE DU GUESCLIN DEVANT CHISEY.
D'après le manuscrit de Froissart.

étaient français de cœur pour la plus grande partie. Ils dirent entre eux :

« Ils disent vrai. Il paraît encore vrai que ces Anglais font bien peu de compte de nous, quand ainsi ils nous envoient ci-devant pour combattre et escarmoucher et commencer la bataille, nous qui ne sommes qu'une poignée de pauvres gens qui ne pourrons en rien résister à ces Français. Il vaut beaucoup mieux que nous nous tournions du côté de notre nation, plutôt que de demeurer anglais. »

» Ils furent bientôt tous de cet accord et se rangèrent à cette opinion, et parlementèrent avec les Bretons, en disant :

« Or, hardiment, nous vous promettons loyalement que nous serons des vôtres, et que nous combattrons avec vous contre ces Anglais.

» Les gens du connétable répondirent :

— Et quelle quantité d'hommes d'armes sont-ils, ces Anglais ?

» Les pillards leur dirent :

— Ils ne sont en tout qu'environ sept cents. »

» Ces paroles et ces discours furent rapportés au connétable, qui en eut grand' joie, et dit en riant :

« Ceux-là sont à nous. Or, tout devant nous scions toutes nos palissades, et puis sortons hardiment sur eux, et alors combattons-les. Ces pillards sont de bonnes gens de nous avoir dit vérité sur leur ordonnance. Nous ferons deux corps de bataille sur l'aile, dont vous gouvernerez l'un, messire Alain de Beaumanoir, et vous, messire Godefroy de Kéricuel, l'autre. Dans chacun, il y aura trois cents combattants, et je m'en irai de front les attaquer. »

» Ces deux chevaliers répondirent qu'ils étaient tout prêts d'obéir, et ils prirent chacun leur charge toute telle qu'ils la devaient avoir. Mais, premièrement, ils scièrent leurs palissades ras-à-ras de la terre ; et quand ce fut fait, et leurs corps de bataille ordonnés ainsi qu'ils devaient faire, ils sautèrent hors de leurs palissades soudainement et se mirent aux champs, bannières et pennons flottant au vent, et se tenant tous serrés. Et ils rencontrèrent premièrement ces pillards bretons et poitevins, qui avaient déjà fait leur marché et se tournèrent avec eux. Et puis s'en vinrent pour combattre ces Anglais, qui, tous, s'étaient mis ensemble.

» Quand ils aperçurent la bannière du connétable sortir dehors et les Bretons aussi, ils connurent bientôt qu'il y avait trahison de leurs pillards et qu'ils étaient tournés français : néanmoins ils ne se tinrent pas pour battus, mais montrèrent grand' joie et bon semblant de combattre leurs ennemis. Ainsi se commença la bataille sous Chisey, entre les Bretons et les Anglais, et tous à pied, qui fut grande et dure, et bien maintenue.

» Et le connétable de France vint d'abord les attaquer de grand'volonté. Là, il y eut plusieurs grands exploits d'armes qui furent faits ; car, à vrai dire, les Anglais, vis-à-vis des Français, n'étaient qu'un petit nombre. Et ils se combattaient si extraordinairement, que ce serait merveille à raconter, et ils s'efforçaient de bien faire pour déconfire leurs ennemis. Là, criaient les Bretons : « *Notre-Dame ! Guesclin !* » et les Anglais : « *Saint Georges ! Guyenne !* » Là furent très bons chevaliers... (Suivent les noms dans la chronique.)

» Les Bretons se comportèrent si bien pour la journée, et si vaillamment combattirent leurs ennemis, que la place leur demeura et qu'ils remportèrent la victoire. Et furent morts ou pris tous ceux-là qui étaient venus de Niort, et jamais aucun n'en revint et n'en échappa. Ainsi furent pris de leur côté tous les chevaliers et écuyers de renom, et les Bretons, ce jour-là, eurent plus de trois cents prisonniers, que depuis ils rançonnèrent bien et cher, et aussi ils conquirent tout leur bagage, où ils eurent grand butin. »

Après ces exploits, l'hiver étant venu (1373), le « bon connétable partit pour Paris, où les ducs de Berry, de Bourgogne et de Bourbon, et les autres princes et seigneurs s'étaient déjà rendus aux ordres du roi, qui les avait mandés pour se concerter avec eux sur les moyens de prévenir les mauvaises intentions du duc de Bretagne (1). »

1. Les événements de la période suivante ont été jugés très diversement par les historiens. Les chroniqueurs contemporains, que nous avons suivis d'ordinaire dans notre récit, se bornent le plus souvent au tableau des batailles, sans s'arrêter aux vicissitudes de la politique. Pour les lecteurs curieux de l'enchaînement des faits, nous transcrivons ici le récit d'un historien breton, qui nous semble avoir bien saisi le rôle de du Guesclin dans ces expéditions, dont la multiplicité et l'enchevêtremeut engendrent un peu de confusion. Après avoir raconté les préparatifs de du Guesclin et le pacte conclu entre Olivier de Clisson et lui, M. Barthélemy continue :

« Le connétable était dignement secondé. Lui et ses compagnons firent de si belles actions que le roi, en les apprenant, s'écria :

» — Je voudrais être Breton ; il n'y a pas de plus vaillante nation au monde !

» Il récompensa largement les troupes de Bertrand, qui venaient de nettoyer le Poitou, et les dirigea sur la Guyenne, où elles se couvrirent d'une gloire nouvelle. En peu de temps, la Saintonge, le Rochelois, la Gascogne se trouvèrent purgés d'Anglais, et le roi combla les Bretons de tant d'honneurs, ils acquirent une telle renommée parmi les guerriers de cette époque, qu'on ne croyait point à la vaillance d'un soldat s'il ne se disait Breton.

» Le duc de Bretagne, loin de prendre part à l'allégresse générale, s'affligeait des désastres de l'armée anglaise. Non seulement il avait donné passage aux Anglais à travers son pays, mais encore il était resté chez lui pendant la guerre dont nous venons de parler, pour ne pas exposer ses États, disait-il, à l'invasion des ennemis de la France. Charles V n'était pas dupe de cette hypocrisie, et il attendait un moment favorable pour le punir d'avoir sitôt manqué à ses promesses. De plus, Jean n'avait su se concilier, ni l'affection de ses barons, ni l'amour de ses sujets des classes les plus humbles ; tous embrassaient alors le parti de la France contre leur seigneur.

» On se plaignait hautement, et avec raison, de ce que Jean préférait les Anglais aux Bretons. En effet, honneurs, richesses, places, tout était réservé aux insulaires. L'injustice devint si manifeste, que la plupart des seigneurs bretons s'empressèrent de se rattacher à la cour française.

» Jean IV, loin de chercher à calmer l'exaspération toujours croissante de ses peuples, livra aux Anglais toutes ses places maritimes, telles que Brest, Concarneau, Quimperlé, Hennebon ; et les barons en conçurent de telles alarmes, qu'ils députèrent vers le roi de France pour le supplier d'occuper les bonnes villes de

Avec cette habileté qui se portait également sur toutes les parties de la terre dont il voulait composer le royaume de France, le roi Charles V avait tenté et tentait encore chaque jour les sujets du duc Jean IV de Montfort. Ce trône de Bretagne n'était pas si bien affermi qu'on ne pût le renverser encore. Les partisans de Charles de Blois n'étaient pas tous

---

Bretagne et d'y placer des hommes de guerre, afin de les délivrer du joug de l'étranger.

» Charles V, irrité de la conduite du duc, qui favorisait ainsi ses ennemis et leur livrait ses ports, envoya au connétable l'ordre d'entrer en Bretagne avec une armée pour lui faire la guerre et le contraindre de chasser les Anglais.

» Du Guesclin partit à la tête de quatre mille hommes, accompagné des ducs de Bourgogne, de Berry, de Bourbon, et s'avança jusqu'à Rennes. Les Bretons les plus dévoués à la personne du duc lui conseillèrent alors d'entrer en arrangement avec le roi de France et de renvoyer les Anglais, pour détourner l'orage dont il était menacé.

» Le duc, qui, avec sept cents lances, s'était approché de l'armée française dans le dessein de la combattre, rejeta cet avis. Cependant il ne tarda pas à prendre une résolution plus sensée, qui fut de négocier avec le connétable et les autres chefs de l'armée ennemie.

» Le duc promit de renvoyer prochainement les Anglais, et du Guesclin se retira. C'est ainsi qu'un auteur contemporain raconte ce fait. Un autre historien, un peu postérieur, l'expose avec des circonstances différentes.

» L'armée française, selon lui, s'avança jusqu'à Rennes, d'où la duchesse venait de partir pour se retirer à Vannes. On dépêcha après elle cinq cents hommes d'armes, qui la rejoignirent à quatre lieues de là, et l'amenèrent au duc de Bourbon. La duchesse, en le voyant, s'écria :

« Ah ! beau cousin, suis-je prisonnière ?

— Non, Madame, répondit le duc, je ne fais point la guerre aux dames. »

» En même temps, il lui fit rendre tout ce qu'on lui avait pris, excepté des lettres d'alliance entre le roi d'Angleterre et le duc son mari ; ensuite on lui donna une escorte pour la conduire à Lohéac.

» L'armée française se présenta devant Redon. Le sire de Rieux, qui y commandait, étant sorti de la place pour s'aboucher avec les généraux, on lui fit voir les lettres qu'on avait prises à la duchesse.

» Ce seigneur, après les avoir lues, protesta qu'il ne servirait jamais le duc, tant qu'il en userait ainsi à l'égard de son suzerain. « Alors, ajoute cet auteur, comme la saison était avancée, les chefs de l'armée revinrent à Paris, et y emmenèrent le sire de Rieux et quelques autres Bretons. Le roi n'épargna rien pour se les attacher, et pour soulever contre le duc toute la noblesse de Bretagne, dont la plus grande partie prit des engagements afin de le forcer à chasser les Anglais. »

Du Guesclin.

morts à la bataille d'Auray ; ils n'avaient pas tous signé le traité
de Guérande ; enfin, au roi Charles V il fallait la Bretagne,

» Cependant le duc, toujours obstiné à favoriser les ennemis de la France, renouvela ses alliances avec le roi d'Angleterre. Par ses lettres du 22 octobre 1372, datées
de Brest, il s'engagea à recevoir en Bretagne tous les soldats qu'Édouard y voudrait
envoyer pour faire la guerre à la France ; et le roi d'Angleterre, par les siennes du
19 décembre de la même année, promit au duc de le secourir, et que si lui ou ses
successeurs devenaient un jour rois de France, le duc de Bretagne serait affranchi
de l'hommage.

» L'année suivante (1373), une flotte anglaise de quarante gros vaisseaux, sur
laquelle il y avait deux mille hommes d'armes, sans compter les archers, aborda à
Saint-Malo, comme par accident, et y brûla sept navires espagnols. Les seigneurs
bretons, ayant été informés que le duc avait lui-même fait venir cette flotte, en
furent indignés.

» Charles V, de son côté, convaincu de sa mauvaise foi et de sa félonie, ordonna
au connétable d'entrer en Bretagne et de saisir le duché.

» Du Guesclin partit de Paris et alla à Angers, où il avait donné ordre aux
troupes de s'assembler. Le duc de Bretagne se trouva alors dans un grand embarras.
Le comte de Salisbury, général des troupes anglaises débarquées depuis peu en
Bretagne, voyant que tout le pays était soulevé contre le duc, et que les forces de
la France allaient l'accabler, avait jugé à propos de rembarquer ses troupes et de se
retirer à Brest.

» Dans ces fâcheuses circonstances, le duc, après avoir envoyé la duchesse, son
épouse, à Auray, où commandait un chevalier anglais, se rendit au port de Concarneau et passa en Angleterre. En partant, il laissa le gouvernement de son duché à
Robert Knolle, général anglais.

» L'armée française, composée de troupes nombreuses et de la plus illustre
noblesse du royaume, entra alors en Bretagne, sous la conduite du connétable.

» Elle se présenta d'abord devant Rennes, qui lui ouvrit ses portes, et reconnut le
roi de France pour seigneur et premier souverain du duché.

» Fougères, Dinan, Vannes, Guingamp, Saint-Mahé, Quimper, Quimperlé, Redon
et Guérande se rendirent pareillement. Quelques villes défendues par les Anglais,
ayant opposé de la résistance, furent prises de force, et leurs garnisons passées au
fil de l'épée. A Hennebon, particulièrement, on fit main-basse sur tous les Anglais,
et l'on n'épargna que deux capitaines ; on agit de même à Concarneau, et l'on
n'excepta que le capitaine de la place.

» Le connétable marcha ensuite vers Nantes, et somma les habitants de se rendre.
Ceux-ci répondirent que le roi de France ayant reconnu Jean IV pour duc de
Bretagne, et leur ayant ordonné de le reconnaître, ils lui avaient prêté serment de
fidélité ; que le duc avait été bon et loyal seigneur, et qu'ils ignoraient qu'il eût
commis le crime de félonie envers le roi ; qu'ils consentaient, cependant, à ce que
le connétable entrât dans la ville, à condition que si le duc revenait et faisait son

tout comme il lui fallait la Normandie ; d'autre part, le duc
Jean IV devait sa couronne au roi d'Angleterre, dont il était le

devoir à l'égard du roi, ils le reconnaîtraient pour leur seigneur comme auparavant,
et qu'il ne leur serait d'ailleurs fait aucun tort. Le connétable jura d'observer ces
conditions, et entra dans Nantes.

» Derval, château appartenant à Knolle, traita aussi avec le connétable, et promit
de se rendre si, dans deux mois, il ne paraissait pas une armée en campagne capable
de livrer bataille aux Français. On stipula que, durant la suspension d'armes, la
place ne serait pas ravitaillée, et que, dans le temps du combat, la garnison ne
pourrait sortir pour combattre, ni pour faire aucune entreprise. Pour sûreté du traité,
les Anglais donnèrent des otages.

» Cependant le duc de Lancastre, accompagné du duc de Bretagne, débarqua à
Calais avec une nombreuse armée. Ils s'avancèrent jusqu'à Hesdin, où Lancastre
demeura quelque temps, tandis que le duc de Bretagne ravageait la Picardie, du
côté de Corbie et de Doullens. Il passa même la Somme, et écrivit au roi pour le
défier, en lui déclarant qu'il le réputait pour son ennemi, et qu'il se tenait déchargé
de sa foi et hommage.

» En même temps, le comte de Salisbury reçut en Bretagne un secours d'Angleterre, et envoya offrir la bataille au connétable. Comme il s'était fait un détachement
considérable de l'armée de Bretagne, par ordre du roi, pour aller en Picardie, le
connétable ne jugea pas à propos d'accepter le combat. Le général anglais lui
proposa de rendre les otages, ce que du Guesclin lui refusa. Salisbury entra alors
dans Brest avec des vivres et munitions ; le connétable, de son côté, se retira avec
ses otages, accusant le comte d'avoir enfreint le traité.

» A l'égard de celui qui avait été fait par le commandant du château de Derval,
nommé Broite, Knolle désavoua cet officier, qui était son neveu, en disant qu'il
n'avait pu traiter sans sa participation. Le duc d'Anjou, lorsque le terme fut expiré,
vint en personne au siège de Derval, et envoya sommer la garnison de se rendre,
et, en cas de refus, menaça de faire mourir les otages.

» Knolle, qui était entré dans la place malgré le traité, fit répondre qu'il se
mettait peu en peine de cette menace, et qu'il userait de représailles. Le duc
ordonna donc qu'on amenât les otages en vue du château et qu'on leur coupât la
tête. Knolle fit aussitôt dresser une espèce d'échafaud à une des fenêtres du fort,
y fit monter quatre prisonniers qu'il avait, trois chevaliers et un écuyer, et, aux
yeux des assiégeants, il les fit décapiter.

» Après cette cruelle exécution, le duc d'Anjou et le connétable levèrent le siège
et retournèrent en France pour s'opposer aux ducs de Lancastre et de Bretagne,
qui, à la tête de trente mille hommes, étaient entrés en France et y commettaient
de grands désordres. Ils traversèrent une grande partie du royaume, et se rendirent
à Bordeaux, où le duc de Bretagne passa le reste de l'année.

» Au commencement de l'année suivante (1374), il s'embarqua et vint séjourner
quelque temps à Auray. Il fit fortifier cette place et celles de Derval et de Brest

gendre ; plus d'un seigneur anglais vivait à sa cour ; enfin, la campagne de du Guesclin dans le Midi, et les Anglais à demi chassés de la Guyenne, avaient rempli d'émotion et de terreur le duc et la duchesse de Bretagne.

Jean de Montfort craignait que, pour le punir de son affection pour Édouard III et de son dernier traité avec ce prince, il ne prît fantaisie au roi de France de rétablir la duchesse Jeanne de Penthièvre, veuve de Charles de Blois, et il ne pouvait douter que le connétable ne se fît un honneur de combattre pour les enfants de son ancien maître. D'un autre côté, il craignait ses propres sujets, dont il avait négligé de gagner l'affection depuis que, débarrassé de son compétiteur, il jouissait sans contradiction de la possession tranquille du duché.

---

presque les seules qui tinssent pour lui en Bretagne. Mais, se voyant haï et abandonné de ses barons et de presque tous ses sujets, il résolut de retourner en Angleterre, où il emmena la duchesse sa femme. Après avoir habité quelque temps son comté de Richemont, il reçut d'Édouard un secours de trois mille archers, payés pour six mois, et de quatre mille hommes d'armes, commandés par Edmond, comte de Cambridge, fils du roi d'Angleterre.

» Le duc s'embarqua avec cette armée à Southampton et aborda à Saint-Mahé ; il assiégea d'abord le château, le prit, et passa la garnison au fil de l'épée, exemple qui intimida la ville et la força d'ouvrir ses portes. Il se préparait à faire d'autres conquêtes, et il était sur le point de prendre Quimperlé, lorsqu'on lui apporta une copie du traité de Bruges, par lequel le roi de France et le roi d'Angleterre étaient convenus d'une suspension d'armes, pendant un an, entre eux et leurs alliés.

» Le duc, se voyant les mains liées par le traité, jugea à propos de repasser en Angleterre. De là, il se rendit en Flandre, où il resta quelque temps, espérant s'accorder avec Charles V et rentrer en grâce. Frustré dans ses espérances, il retourna encore en Angleterre, où il trouva Édouard atteint de la maladie dont il mourut, le 23 juin 1377.

» Comme la trêve conclue par le traité de Bruges et prolongée depuis était expirée (1377), les hostilités recommencèrent en Bretagne. Le duc de Lancastre partit d'Angleterre avec une armée considérable, et vint assiéger Saint-Malo ; mais du Guesclin et Olivier de Clisson le forcèrent à lever le siège et à s'en retourner. Peu de temps après, Charles V fit attaquer Auray : après un siège assez long, la ville se rendit à Clisson, lieutenant du roi en Bretagne. »

(Histoire de Bretagne, p. 137 et suiv.)

L'obéissance de Jean de Montfort au roi de France ne résista pas longtemps à ses sympathies tout anglaises. Il ne vit pas que le roi Édouard III s'éteignait dans les infirmités d'une vieillesse déshonorée par d'ignobles passions ; que la France avait repris l'essor ; que les seigneurs de Bretagne étaient jaloux du crédit des Anglais ; enfin, il ne comprit pas que les plus vaillants soldats de la Bretagne, et à leur tête du Guesclin, appartenaient si fort à la France et à son roi, — leur haine contre l'Anglais étant si grande, leur dévouement au roi Charles V si complet,— qu'ils n'hésiteraient pas entre la France, ennemie de l'Angleterre, et la Bretagne, son alliée. En même temps, le duc Jean IV aurait dû se rappeler que le roi de France était son seigneur suzerain, qu'il lui avait juré foi et hommage, et qu'il s'exposait, par sa félonie, à voir son duché confisqué par son seigneur.

Charles V comprit ces motifs mieux que le duc de Bretagne lui-même. Il portait autant de ruses ingénieuses dans sa politique que du Guesclin dans ses batailles. Il surveillait à la fois le beau-père et le gendre ; il était au courant de leurs projets les plus secrets.

De leur côté, les seigneurs de Bretagne tenaient le roi en éveil, « lui remontrant comment leur duc avait demandé grand renfort en Angleterre pour mettre les Anglais en leur pays. Ce que jamais ne consentiraient, car ils sont et veulent demeurer bons et loyaux Français ; et si était seu et tout clair qu'il voulait ses châteaux et ses forteresses garnir et pourvoir d'Anglais. »

A ces plaintes des Bretons, le roi de France demanda « quelle chose était bonne à faire ».

Ils répondirent qu' « il mît sus une grande chevauchée de gens d'armes, et les envoyât en Bretagne, et se hâtât du plus fort qu'il pût, et prît la possession de toutes cités, villes et châteaux, car le duc avait forfait la terre. »

Ces offres des chevaliers et des barons de Bretagne plurent grandement au roi, et il envoya du Guesclin. « Si se trouvèrent bien quatre mille lances, chevaliers et écuyers, et bien dix mille « d'autres gens. »

Cette fois, le duc Jean IV eut grand' peur, voyant « comment Français et Bretons venaient sur lui pour prendre et saisir de force sa terre et son corps aussi... Si en douta le duc grandement de soi-même, et que il ne fût pris ni attrapé, et ne tenait en Bretagne plus une ville où il osât s'enclore. »

Cependant, par une habileté maladroite, et pour conjurer la colère du roi Charles V, à peine a-t-il donné aux Anglais le passage dans ses États, que Jean IV envoie à Charles V un ambassadeur pour l'apaiser. Cette mission fut confiée à Olivier de Clisson, qui jadis, à Guérande, avait juré sur la vraie croix que son seigneur se conduisait en vassal fidèle du roi de France. Comme le chevalier breton se répandait en protestations sur la sincérité de son maître, les ministres du roi de France exhibèrent à l'ambassadeur les preuves du traité secret que Jean IV venait de conclure avec les Anglais. Furieux du rôle indigne qu'on lui faisait jouer, Clisson abjura le service du duc, et alla rejoindre du Guesclin, en attendant de devenir connétable à son tour.

A la fin, le duc de Bretagne, « doutant plus que devant, » s'embarqua en toute hâte à Concarneau, et cingla vers l'Angleterre.

Il débarqua à Cornouailles, et de là se rendit à Windsor, « où il fit grand' chère. » Le duc exposa à Édouard III l'état de la Bretagne, et comment, pour l'amour de lui, il avait perdu son pays, « et l'avaient tous ses hommes *relingué.* »

En effet, l'abandon était général. Pas un grand seigneur de Bretagne qui n'eût pris immédiatement ses précautions contre la rapacité des Anglais.

Le connétable, qui avait la commission du roi de France de prendre et de saisir tout le pays de Bretagne, « y entra efforcément à plus de quatre mille armures de fer, et tous à cheval, et ne prit mie le chemin de Nantes premièrement, mais celui de la bonne cité de Rennes et de la Bretagne bretonnante, pour tant qu'ils étaient et ont toujours été plus favorables au duc de Bretagne, que les Français appelaient comte de Montfort, que la douce Bretagne. Quand les bourgeois sentirent venant sur eux le connétable et les Français si efforcément, si n'eurent mie conseil d'eux clore, mais si ouvrirent et les recueillirent doucement, et se mirent tantôt en l'obéissance du roi de France. »

En partant pour l'Angleterre, le duc de Bretagne avait laissé la garde de son duché à Robert Knolles.

Le connétable, jugeant que le départ de Jean IV était favorable à ses projets, résolut de chasser les garnisons anglaises de toutes les villes et de tous les châteaux de Bretagne. Annonçant aux Bretons qu'il allait, de par le roi de France, punir la félonie de leur seigneur, il entra dans le pays à la tête d'une armée française dans laquelle figuraient les plus hauts sires du duché, le vicomte de Rohan, les seigneurs de Clisson, de Laval, d'Avaugour, de Beaumont, de Beaumanoir, etc.

Ceux des Bretons qui ne s'étaient pas encore prononcés se déclarèrent aussitôt, et vinrent grossir les troupes du connétable qui s'avançaient sans rencontrer d'obstacle.

Robert Knolles voulut défendre la province qui lui avait été confiée ; mais « peu de seigneurs obéirent à icelui, » qui, forcé de se retirer à Brest, y fut bientôt assiégé par le connétable, après que Rennes, Vannes, Jugon, Guingamp, Saint-Mahé, Quimper, Quimperlé, Hennebon et la plupart des places qui tenaient pour Montfort eurent ouvert leurs portes.

On rapporte qu'au siège d'Hennebon, le connétable, ayant aperçu sur la brèche les bourgeois mêlés aux Anglais, donna l'ordre de cesser le combat, et fit signe qu'il voulait parler :

« Messires, dit-il aux habitants de la ville qui l'écoutaient en silence, je suis Breton comme vous, et je viens vous délivrer des Anglais qui vous oppriment. Laissez là ces étrangers et reprenez votre liberté. »

Les bourgeois répondirent par de sympathiques acclamations, et la garnison anglaise se vit réduite à capituler.

Froissart, il est vrai, raconte la chose autrement. Voici son récit :

« Le connétable et toute sa troupe, où il y avait bien vingt mille combattants, chevauchèrent tant, qu'ils vinrent devant la ville de Hennebont. Et ils trouvèrent les portes closes et toutes gens préparés ainsi que pour se défendre. Le connétable, ce premier jour, se logea et fit loger tous ses gens ; et le lendemain au matin, à l'heure du soleil levant, sonnèrent les trompettes d'assaut ; et quand ils furent tous armés, ils allèrent de ce côté, et se mirent en ordonnance pour assaillir. Ainsi firent ceux de Hennebont. Anglais et Bretons qui étaient dedans se préparèrent aussitôt pour se défendre. Le connétable savait bien que jamais il ne les aurait de force, au cas que tous ceux qui étaient dans Hennebont voudraient se mettre en défense ; mais il y trouva un grand avantage ; je vous dirai comment.

» Au commencement de l'assaut, il s'en vint jusques aux barrières, la coiffe d'acier en tête tout seulement, et dit ainsi à ceux d'Hennebont en faisant signe de la main :

« Dieu le veut ! Hommes de la ville qui êtes là-dedans,

nous vous aurons encore malgré vous, et nous entrerons en la ville d'Hennebont si le soleil y peut entrer; mais sachez que, s'il y en a aucun de vous qui se montre pour se mettre à défense, nous lui ferons sans hésitation trancher la tête, et à tout le reste de la ville, hommes, femmes et enfants, pour l'amour de lui. »

» Cette parole effraya tant les hommes bretons de la ville de Hennebont, qu'il n'y eut jamais depuis ce discours homme qui s'osât montrer ni faire voir pour se mettre à défense. Ils se mirent ainsi tous ensemble, et dirent aux Anglais :

« Seigneurs, nous n'avons pas intention de nous tenir contre le connétable ni les seigneurs de Bretagne. Nous sommes ici un petit nombre de pauvres gens qui ne pouvons vivre dans le danger du pays. Toutefois nous vous ferons tant d'honneur, car vous êtes vous tous compagnons, que vous n'aurez garde de nous, ni ne serez inquiétés ni aidés par nous. Et sur cela ayez avis. »

» Quand le capitaine et les Anglais entendirent ces nouvelles, cela ne leur sembla pas trop plaisant, et ils se retirèrent ensemble et tinrent conseil, tout considéré et imaginé, au cas qu'ils ne seraient confortés et aidés de ceux de Hennebont, qu'ils n'étaient pas capables de résister à une telle armée que le connétable avait là devant eux. Ils eurent donc avis entre eux qu'ils traiteraient un accord avec les Français, et qu'ils rendraient la ville et qu'on les laisserait partir, sauf leurs vies et les choses qui étaient à eux.

» Ils envoyèrent alors un héraut devers le connétable, qui rencontra toutes ces besognes et rapporta un sauf-conduit : que le capitaine de Hennebont et quatre des siens pouvaient aller en sûreté vers l'armée pour entendre et savoir plus pleinement ce qu'ils voulaient dire. Sur cette sauvegarde, Thomme-lyn-Wick et quatre de ses compagnons vinrent devant les barrières parler aux seigneurs de l'armée. Là fut fait traité et composition, que tous les Anglais qui étaient dedans Hennebont, et aussi tous les Bretons qui tenaient le parti du comte de Montfort, pouvaient en sûreté partir, eux et ce qui était à eux, et se retirer à Brest et non ailleurs.

» Ainsi le connétable de France eut, par son sens, et non par grand combat, la ville et le château de Hennebont, ce qu'il n'aurait pas voulu donner pour cent mille francs; et les Anglais en partirent sur bonne conduite, et en portèrent tout le leur et vinrent à Brest. »

Peu de jours après, le connétable assiégea Concarneau, forteresse située sur le bord de la mer, qui en bat les murs dans la haute marée ; quand la marée est basse, la rade est à sec; le connétable prit ce temps pour faire donner l'assaut. Les Anglais se défendirent si bien, que les Français furent plusieurs fois repoussés. Le connétable en personne se rendit au lieu de l'attaque ; sa présence inspira aux siens une nouvelle ardeur ; en sorte que les Anglais, malgré leur belle défense, allaient être forcés de se rendre, si le flux n'eût obligé les assiégeants de se retirer pour revenir le lendemain.

Mais pendant la nuit, les assiégés se décidèrent à capituler, et dès le point du jour, ils envoyèrent un héraut au connétable pour lui offrir de se rendre, et lui porter des conditions qui furent acceptées.

Les Anglais tenaient encore dans Brest, ville de guerre qui, dès le quatorzième siècle, passait pour imprenable. Robert Knolles avait même réussi à s'introduire dans la place et à y amener des renforts. Après quelques assauts donnés sans succès, du Guesclin convertit le siège en blocus, et les Anglais, ne recevant de secours ni par terre ni par mer, ne tardèrent pas à tomber dans la plus grande détresse.

Bientôt ils offrirent de capituler, et l'on stipula de part et d'autre que si, dans l'intervalle de six semaines, les assiégés n'étaient pas secourus par une armée assez puissante pour livrer bataille au connétable, ils remettraient la place entre ses mains.

Le connétable, qui ne voyait point dans toute la Bretagne de troupes assez nombreuses pour empêcher l'effet de cette capitulation, laissa devant Brest une partie de son armée, et avec le reste il se dirigea vers Nantes, la ville la plus importante de tout le duché.

Mais quand du Guesclin se présenta devant Nantes, il en trouva les portes fermées, et elles ne lui furent ouvertes qu'après qu'il eut accepté les conditions posées par les habitants, savoir : que les Français ne seraient reçus que comme gardiens de la ville, qui serait rendue au duc aussitôt qu'il serait rentré dans son devoir et se serait montré *bon Français*.

Sur ces entrefaites, un de ses lieutenants assiégeait Derval, et le connétable alla le rejoindre. Jacques de Broce, qui commandait la place pour Robert Knolles, convint de la rendre si dans deux mois il n'était puissamment secouru, et donna des otages. Les Français y consentirent d'autant plus volontiers, qu'ils venaient d'apprendre une action barbare, incroyable, que quelques troupes d'Anglais avaient commise en arrivant à Brest pour secourir la ville avant l'expiration du traité de reddition ; ils avaient, en abordant, passé au fil de l'épée tous les habitants de la ville et des campagnes voisines, sans distinction d'âge ni de sexe.

Olivier de Clisson, qui était resté devant Brest avec un corps d'armée, fit connaître à du Guesclin que des forces anglaises venaient d'arriver par mer au secours de la ville ; puis il le pressa d'arriver à son tour, afin de tenir tête au comte de Salisbury, sous les ordres duquel combattaient ces troupes auxiliaires.

Du Guesclin accourut. De part et d'autre on fit des démonstrations, on s'envoya des défis, mais on ne se battit point, et on s'accusa réciproquement de perfidie et de manque de foi. Les malheureux otages que l'on s'était réciproquement livrés furent, dans les deux camps, déclarés responsables de ces malentendus, et on leur fit trancher la tête.

Ces actes de férocité et ces barbares représailles ne se répétaient que trop souvent au quatorzième siècle.

Que faisait cependant le duc de Bretagne ? « Si oyait tous les jours nouvelles des sièges qui se tenaient en Bretagne. » Il comprenait enfin que sa cause était perdue, que l'Angleterre avait bien d'autres soucis que de protéger le duché de Bretagne ; que du Guesclin était plus puissant que le roi Édouard III, et qu'enfin « les besognes pour lui et son pays se portaient assez petitement. »

Ce malheureux duc de Bretagne, chassé de sa province par les armes françaises, en était réduit à livrer aux Anglais la ville de Brest, son dernier rempart, le plus riche fleuron de sa couronne ducale, afin que l'Angleterre pût transporter ses arsenaux sur les côtes de France.

Battu de toutes parts, Jean de Montfort adressa au roi de France un véritable cartel. Dans cette lettre, plus insolente qu'il n'eût fallu, le duc de Bretagne se plaignait surtout du connétable ; il accusait le sire du Guesclin d'avoir pris, en son duché de Bretagne, « tout plein de villes, de châteaux et forteresses... »

Mais on n'avait pas le temps de répondre au duc de Bretagne. Les Anglais étaient débarqués à Calais ; ils venaient d'envahir la Picardie, amenant avec eux comme un des « con-

duiseurs ou gouverneurs de leurs troupes » le duc de Bretagne.

Ils étaient soixante mille hommes commandés par le duc de
Lancastre. C'était le dernier effort d'une puissance expirante ;
la France ne voulait plus des Anglais,et les Anglais comprirent,
cette fois enfin, qu'ils n'étaient plus sur leurs terres. On ne les
battit pas dans une seule bataille, on les battit en détail ; chaque

jour amenait son dommage, sa rencontre malheureuse, sa fuite,
sa famine, sa misère, son désespoir.

Du Guesclin les chassait plutôt à coups de bâton qu'à coups
d'épée, et d'un mépris si grand, qu'on se demande si c'étaient là
ces mêmes Anglais dont Olivier de Clisson disait naguère dans
le conseil du roi de France :

« Anglais sont si grands d'eux-mêmes et ont eu tant de belles
journées, qu'il leur est avis qu'ils ne puissent perdre ; et en

bataille ce sont les plus emportés gens du monde, car plus ils voient grande effusion de sang, soit des leurs ou de leurs ennemis, tant sont-ils plus chauds et plus arrêtés de combattre. »

Durant cette chevauchée du duc de Lancastre et du duc de Bretagne à travers le royaume de France, les Anglais eurent à subir plusieurs disettes de vivres, et « grandes froidures en moult povre pays. »

« Ils passèrent, en ce meschef, toutes les rivières qui sont courantes entre la Seine jusques à Bordeaux : la Loire, l'Allier, la Dordogne et Garonne ; mais de leur charroi ils ne purent pas se tirer pour se remettre en la cité de Bordeaux, et si leur moururent plusieurs écuyers et chevaliers de froidure et de pauvreté. »

Pour compléter les longues misères de cette campagne, Saint-Malo, « une belle forteresse et havre de mer, » assiégée par la flotte anglaise, fut délivrée par du Guesclin.

Froissart parle de quatre cents canons qui faisaient feu incessamment sur la ville. Tous ces canons ne purent empêcher la meilleure noblesse de France de mettre les Anglais en déroute.

Ce fut le dernier grand succès de du Guesclin. Les ombres de la vieillesse commençaient à l'envelopper, et, avant de descendre au tombeau, il devait subir l'épreuve de l'ingratitude, afin que son noble caractère reçut la consécration que donne le malheur.

CHAPITRE HUITIÈME.

La glorieuse mort de Sire Bertrand.

ES Anglais une fois chassés de Bretagne, du Guesclin les avait poursuivis jusqu'à Bordeaux. Leur armée, d'abord forte de 60.000 hommes, se trouva réduite à 6000 par la faim, la misère et les combats livrés en traversant le Forez, l'Auvergne et le Limousin, en passant la Loire, l'Allier, la Dordogne et le Lot. Le connétable entra ensuite dans le comté de Foix (1373), et, par la prise de Lourdes, força le général anglais à demander la paix.

Cependant, nous l'avons vu, Jean de Montfort était repassé en Bretagne avec le duc de Lancastre et une nouvelle armée anglaise.

Charles V se crut assez fort pour en finir, et essaya de frapper un grand coup. Il assembla les pairs de son royaume, cita le duc de Bretagne, et, sur son refus de comparaître, déclara la Bretagne réunie à la couronne.

Dire à la vieille Bretagne que désormais elle ne serait plus qu'une province de France, une dépendance du domaine, c'était une chose hardie, et aussi peut-être une ingratitude, après ce que les Bretons avaient fait pour chasser les Anglais. Charles V ne connaissait pas évidemment le peuple auquel il avait affaire.

Les Bretons, nobles et paysans, étaient déjà mal disposés. Du Guesclin, dans ses guerres de Bretagne, avait dû imposer à ses compatriotes d'assez lourds fardeaux. Laissé trop souvent sans argent par le roi de France, il avait frappé les villages bretons d'un fouage de vingt sous par feu ; il avait rétabli la

main-morte, abolie par le duc. Le premier acte du gouvernement royal fut l'établissement de la gabelle. La Bretagne
arma.

Les bourgeois armèrent comme les nobles. Ceux de Rennes
s'associèrent expressément aux barons, et jurèrent de vivre et
mourir pour la défense commune. Le duc, revenant d'Angleterre, fut accueilli avec transport par ceux mêmes qui l'avaient
chassé. On ne se demandait plus s'il était Blois ou Montfort :
c'était le duc de Bretagne. Lorsqu'il débarqua près de Saint-
Malo, tous les barons, tout le peuple, l'attendaient sur le
rivage ; plusieurs entrèrent dans l'eau et s'y mirent à genoux.

Jeanne de Blois elle-même, la veuve de Charles de Blois, de
celui qu'il avait tué, vint le féliciter à Dinan.

Les meilleurs capitaines que le roi pouvait employer contre
la Bretagne étaient des Bretons. Clisson parut devant Nantes,
mais il ne put s'empêcher de dire aux gens de la ville qu'ils
feraient sagement de ne laisser entrer chez eux personne qui
fût plus fort qu'eux.

Du Guesclin et Clisson se rendirent à l'armée que le duc
d'Anjou rassemblait. Mais à la première approche d'une troupe
bretonne, cette armée se dissipa. Le duc d'Anjou fut réduit à
demander une trêve.

Le connétable avait vivement souffert, dès l'abord, de la
fausseté de sa situation. Bientôt il fut regardé lui-même comme
l'ennemi de sa patrie et l'oppresseur de la liberté. Ses parents,
ses amis, s'éloignèrent de lui ; il ne recevait de la cour ni
l'argent, ni les renforts devenus nécessaires. Pour la première
fois, il se vit réduit à l'impossibilité de vaincre.

Ses ennemis, car sa gloire lui en avait fait à la cour, le
représentèrent alors comme un homme gagné par le duc de
Bretagne. Le sage Charles V ajouta foi à la calomnie, et laissa

échapper des plaintes contre son connétable. Du Guesclin, parvenu à un grand âge, connut l'ingratitude des rois, et ne put la supporter. Navré de douleur et d'indignation, il quitte l'armée, renvoie au roi l'épée de connétable, et se rend à Pon-

LOURDES — LE CHATEAU.

torson, dans le dessein d'aller finir ses jours en Espagne, auprès du roi Henri. Dans une lettre qui n'était pas une justification, mais une loyale et franche explication, il fait ses adieux à Charles.

Celui-ci comprenait déjà qu'il s'était trompé, et il ne crut pas au-dessous de sa dignité de reconnaître hautement son tort et de le réparer.

Les ducs de Bourbon et d'Anjou vinrent de sa part rapporter à du Guesclin l'épée de connétable, en lui disant :

« Beau cousin, vos ennemis avaient surpris le roi ; il vous prie de rester à son service et de reprendre l'épée de connétable, que nul n'est plus digne que vous de porter.

Du Guesclin, en vrai Breton, opiniâtre et têtu, d'après des historiens que les chroniques semblent contredire, répondit rudement :

— Je dois tout aux bontés du roi ; mais je n'ai garde de m'exposer deux fois à pareille disgrâce. Ç'est trop d'avoir pu être soupçonné une seule. Je vais mourir en Espagne avec la douleur de n'être pas mort en France plus tôt.

— Ah ! beau cousin, s'écria le duc d'Anjou, vous ne ferez pas cela. »

Du Guesclin se montra inflexible, et les princes se retirèrent en lui laissant l'épée de connétable.

Quelques historiens ont présenté d'une manière un peu différente le dissentiment qui s'éleva, à cette époque, entre le roi et son lieutenant.

Du Guesclin, dit Barthélemy dans son *Histoire de Bretagne,* ne pouvant oublier que la Bretagne était sa patrie, déclara qu'il ne servirait plus contre ses compatriotes. Le chambellan Bureau de la Rivière, qui redoutait l'influence du grand capitaine, se joignit aux conseillers de Charles, et fit entendre au monarque qu'il importait d'éloigner le connétable des marches de son territoire natal.

Du Guesclin reçut donc un ordre qui l'envoyait en Guyenne

combattre les Anglais. Il vint trouver le roi, prit ses instructions et lui dit en le quittant :

« Sire, vous m'envoyez en Guyenne. Je ne dois pas vous cacher que j'accepte ce poste avec une vive satisfaction. Quoique je puisse me regarder comme le plus dévoué de vos serviteurs, il m'était impossible de faire honorablement la guerre où vous m'aviez placé. C'est le pays où Dieu m'a fait naître. J'aurais fait sans doute mon devoir, mais avec douleur, et d'autres obtiendront plus de succès que moi. Sachez encore, Sire, je dois le dire, que vous m'aviez enlevé les meilleurs moyens de vous être utile, en me privant des Bretons, les plus sages et les plus vaillants de mes guerriers. Mon aigle ne peut plus voler, vous lui avez arraché son plumage (1).

— Monsieur le Connétable, reprit le roi, je vous envoie en Guyenne parce que je sais que mes affaires iront toujours bien où vous serez. Il en eût été de même aux lieux que vous quittez...

— Ah! Sire, répondit du Guesclin, j'ai longtemps combattu en France et en Espagne ; j'ai vu des batailles, des rencontres, des assauts, des sièges de villes et de forteresses, on le sait ; mais qui pourrait penser que je doive à mes seules forces le peu que j'ai fait ? Ce sont mes soldats, mes vieux capitaines bretons qui, en combattant avec moi, m'ont aidé, m'ont secouru, et j'ai joui de leur propre gloire. Je me fiais en eux comme en moi-même, parce que je connaissais leur valeur. Ils se sont éloignés, et avec eux ma force a disparu. Je vous supplie humblement, Sire, de prendre en bonne part ce que je vous dis. Je ne sais si je reviendrai du lieu où je vais ; je suis vieilli, quoique je ne sois pas fatigué. Mais s'il en existe un moyen, je vous

---

1. Du Guesclin portait dans ses armes un aigle à deux têtes.

en prie, faites la paix avec le duc de Bretagne. Soyez avec lui de bon accord, et il fera son devoir ; car les gens d'armes de son pays vous ont bien soutenu, et ils peuvent encore vous servir avec fidélité ; mais je crains qu'à la longue cette guerre ne vous en suscite d'autres.

— J'y pense souvent, dit Charles, et à cause de vous, j'en saisirai l'occasion si je la trouve. Je ferai si bien, que vous serez content. »

Le héros quittait la France avec regret ; il voulut illustrer sa sortie par un dernier exploit.

Les Anglais, chassés des plus importantes provinces, étaient encore maîtres de quelques forteresses en Auvergne.

Au commencement de juin 1380, du Guesclin rejoignait le maréchal de Sancerre, son ami, devant le château de Randon, où s'était renfermée, au nom de l'Angleterre, une de ces compagnies franches auxquelles le meurtre et le pillage étaient habituels, et qui désolaient le pays de leurs excès.

Du Guesclin pressa le siège avec vigueur. A diverses reprises, il avait tenté l'assaut sans réussir à pénétrer dans la place ; mais la résistance qu'on lui opposait, loin de le décourager, n'avait qu'excité son ardeur, et il jura de n'abandonner Randon que le jour où il y aurait planté son étendard.

Il avait complètement investi la place, et plusieurs fois il avait sommé le gouverneur de se rendre. Celui-ci, qui attendait du renfort d'Angleterre, avait énergiquement refusé, acceptant seulement pour toute condition de livrer la forteresse de Randon à du Guesclin si, dans un intervalle de quinze jours, il n'avait pas reçu de secours.

Durant cette négociation, du Guesclin était tombé dangereusement malade ; mais on avait réussi à cacher au commandant de Randon ce triste événement ; le maréchal de Sancerre avait été l'intermédiaire de sa soumission conditionnelle, et l'orgueil irrité du connétable avait servi de prétexte pour expliquer son absence.

LOUIS DE SANCERRE,
MARÉCHAL DE FRANCE.
Relief en marbre blanc de son tombeau à Saint-Denis.

Le mal fit de rapides progrès. Sentant que sa fin était proche, du Guesclin se fit apporter l'épée de connétable ; il la prit dans ses mains déjà froides, la considéra quelque temps en silence, et les larmes aux yeux :

« Elle m'a aidé, dit-il, à vaincre les ennemis de mon roi, mais elle m'en a donné de cruels auprès de lui. Je vous la remets, ajouta-t-il au maréchal de Sancerre, protestant que je n'ai jamais trahi l'honneur que le roi m'avait fait en me la confiant. »

Alors il découvrit sa tête, baisa avec respect la garde de cette épée qui était en forme de croix, embrassa les vieux capitaines qui l'entouraient, leur dit un dernier adieu, et les pria de ne point oublier « qu'en quelque pays qu'ils fissent la guerre, les gens d'église, les femmes, les enfants et le pauvre peuple n'étaient point leurs ennemis. »

Le mourant se tourna ensuite vers son compatriote et compagnon d'armes, Olivier de Clisson :

« Messire Olivier, lui dit-il, je sens que la mort m'approche de près, et ne vous puis dire beaucoup de choses. Vous direz au roi que je suis bien marri que je ne lui ai fait plus longtemps service ; de plus fidèle n'eussé-je pu ; et si Dieu m'en eût donné le temps, j'avais bon espoir de lui vider son royaume de ses ennemis d'Angleterre. Il a de bons serviteurs qui s'y emploieront de mêmes effets que moi, et vous, messire Olivier, tout le premier. Je lui recommande ma femme et mon frère ; et adieu, je n'en puis plus. »

Ces paroles montraient suffisamment que le patriotisme de du Guesclin n'avait pas été atteint par la mésintelligence passagère dont nous avons parlé plus haut.

Après avoir reçu « dévotement les Sacrements », selon l'expression du chroniqueur, il expira en baisant la croix, le 13 juillet 1380.

Cette mort, sublime dans sa simplicité chrétienne, complète admirablement la glorieuse vie que nous avons racontée ;

dans ce dernier acte se peint tout entier ce héros du moyen âge, type du courage indomptable, de l'honneur chevaleresque, du dévouement patriotique, et « dont le cercueil même prenait des villes », selon la belle expression de Chateaubriand.

En effet, le lendemain était le jour où, le délai expiré, la ville devait se rendre, si elle n'avait pas été secourue. Dès le matin, Sancerre somme le gouverneur de lui remettre les clés, conformément à la convention.

« C'est à messire du Guesclin que j'ai fait cette promesse, répondit l'Anglais ; qu'il vienne lui-même, et je tiendrai l'engagement. »

Sancerre parut hésiter quelques instants dans sa réponse ; enfin il dit d'un ton grave et triste :

« Hélas ! messire, je ne puis vous le taire ! Et ce silence morne ou les cris de douleur qui retentissent dans le camp ne vous l'ont-ils pas appris ? Tous nous sommes dans le deuil ! Le connétable est mort ! Ce vaillant ne portera plus l'épée ! France et chevalerie ont perdu le héros qui faisait leur orgueil !

— C'est grande perte, messire, reprit l'Anglais, qu'un tel chevalier, et dont un ennemi même ne saurait se réjouir ! A Dieu ne plaise ! Aussi je n'en serai pas moins fidèle à ma parole, et moi-même je porterai les clés de la ville sur le cercueil de du Guesclin. »

Sancerre aussitôt retourne au camp afin de faire tout préparer pour cette cérémonie solennelle autant qu'extraordinaire. La tente du héros est décorée à la hâte de trophées militaires et de palmes funèbres. On place sur une estrade le cercueil entouré de fleurs, près duquel on voit les armes de l'illustre défunt. Derrière, un splendide luminaire forme comme une chapelle ardente.

Bientôt arrive, au bruit des fanfares, le gouverneur de Châteauneuf-Randon, suivi de ses principaux officiers. Il entre dans la tente, que remplissent les chevaliers bretons, et, après s'être agenouillé devant le cercueil, il dépose sur le drap mortuaire, près de l'épée, les clefs de la forteresse, en disant :

« Vaillant connétable, j'ai voulu rendre cet hommage à votre mémoire, afin qu'il soit dit que, même étant mort, vous triomphez de vos ennemis. »

Cet hommage touchant, qui honore également le vainqueur et le vaincu, fut bientôt suivi de ceux de toute la France. La mort de du Guesclin fut l'objet d'un deuil auquel toutes les villes s'associèrent. Le peuple n'avait pas oublié que c'était du Guesclin qui avait chassé l'Anglais du sol national, et il voulut que ses regrets témoignassent hautement de sa reconnaissance.

Partout où le cercueil passa, il fut accompagné d'un concours prodigieux de peuple, qui, avec de grands gémissements, priait pour le connétable et le comblait de bénédictions et d'éloges.

Les chapitres et les évêques le recevaient dans leurs églises, et il n'en partait qu'après les services qui se faisaient pour lui et les oraisons où on le nommait le conservateur du royaume et le libérateur de la patrie.

Le convoi se rendait à Dinan, où du Guesclin devait être enseveli, quand un ordre du roi changea la direction de cette marche funèbre. Charles V avait réservé un honneur suprême au vaillant chevalier, au connétable dont les services avaient affermi sur son front la couronne de France : il voulut *que les restes de du Guesclin reposassent à Saint-Denis*, dans la sépulture des rois de France.

Le cercueil de du Guesclin arriva à Saint-Cloud dans le commencement du mois d'août, et de là, sans traverser Paris, il fut conduit à Saint-Denis. Sur son passage se pressaient les Parisiens, empressés de saluer encore une fois le héros à qui la France devait son indépendance.

La cérémonie fut célébrée avec une pompe royale. Tous les princes qui se trouvaient à Paris et les plus grands personnages de la cour de Charles V y assistèrent. L'illustre connétable, qui, selon la parole de Chateaubriand, fut « Bayard dans sa jeunesse, Turenne dans son âge mûr », reçut, avant de prendre place pour toujours parmi les cendres royales, des honneurs dont l'éclat prouve que la France était digne de la grandeur de son dévouement.

Deux mois après la mort de du Guesclin, le 16 septembre 1380, Charles V mourait à son tour, et à côté des restes du connétable on déposait le corps du roi. La pensée persévérante et sage et le courage intrépide qui avaient réparé les malheurs du règne précédent, étaient réunis dans l'éternel repos, comme ils l'avaient été dans leur heureuse activité pour le salut de la monarchie.

En 1389, Charles VI, dont la démence devait ramener en France les ennemis que la sagesse de son père en avait éloignés, rendit dans l'église de Saint-Denis un nouvel hommage à la mémoire de du Guesclin.

La popularité du bon connétable s'était encore accrue depuis sa mort. Sa vie avait été écrite pour l'enseignement du jeune roi, qui admirait avec passion les hauts faits du chevalier breton.

Charles VI, et avec lui le duc de Touraine, son frère; le comte de Nevers, fils du duc de Bourgogne, qui depuis fut Jean-Sans-Peur ; le fils du roi de Navarre ; Clisson, qui avait obtenu la charge de connétable, tous portant l'épée nue, environnés d'écuyers qui tenaient chacun une bannière

déployée aux armes de du Guesclin, d'argent à l'aigle impériale
de sable, avec sa devise, vinrent solennellement à Saint-Denis,
dont les voûtes retentirent encore une fois de l'éloge de
l'Aigle de l'Ouest, comme les chroniques nomment parfois le
chevalier breton.

Dans cette basilique décorée des bannières anglaises prises
à l'ennemi, l'évêque d'Auxerre prononça l'oraison funèbre sur
ce texte : *Nominatus est usque ad extrema terræ ; Sa renommée
s'est étendue par toute la terre.*

> Les princes fondoient en larmes
> Des mots que l'évêque montroit ;
> Car il disoit : Pleurez, gens d'armes,
> Bertrand qui tretous vous aimoit !
> On doit regretter les fets d'armes
> Qu'il fit dans le temps qu'il vivoit :
> Dieu ait pitié, sur toutes âmes,
> De son âme, car bonne estoit.

La postérité a ratifié ces éloges des contemporains ; du
Guesclin est resté un héros éminemment populaire.

La guerre, jusqu'à lui, n'avait été qu'un exercice de sabreurs,
un choc de deux masses, dont la plus pesante, ou plutôt la plus
vigoureusement lancée, faisait reculer la plus faible.

Il comprit le premier, quoique imparfaitement encore, l'avantage des marches, des manœuvres stratégiques régulières.

Son éducation n'avait point été celle des châteaux ; elle
l'avait bien plutôt rapproché des enfants du peuple, et c'était
parmi eux qu'en dépit de ses parents, il était allé faire le
premier essai de sa force et de son courage.

Toujours il demeura fidèle à ce souvenir de son enfance ;
toujours, à la tête des compagnies d'aventure comme à la tête
des armées royales, il s'efforça d'adoucir les maux de la guerre

pour les pauvres gens dont il avait mangé le pain grossier et
vu de près les souffrances. Sa laideur, l'âpreté bretonne de ses
manières, ses goûts ennemis de toute gentillesse firent de lui,
non pas un guerrier de tournoi, quoiqu'il sût faire apertise
d'armes aussi bien qu'un autre, mais un rude soldat qui ne
cherchait pas dans les combats à briller, mais à vaincre, comptant sur le calcul autant que sur la force et convertissant la
guerre en un art véritable, où se déployaient toutes les ressources de l'intelligence.

Telle était l'idée qu'avaient de lui ses contemporains,
qu'après sa mort les plus grands capitaines refusèrent l'épée de
connétable, comme ne se sentant pas digne de la porter après
lui ; enfin Olivier de Clisson se décida à l'accepter.

On a souvent comparé cet homme de guerre à du Guesclin :
il ne lui ressemblait que par son courage. Cruel et sanguinaire,
Clisson ne pardonnait jamais à ses ennemis vaincus ; du Guesclin, terrible dans les combats, était humain après la victoire.
L'un était avare et hautain, l'autre généreux et modeste au
comble de la gloire et des honneurs ; l'un craint, souvent haï de
ses compagnons d'armes, l'autre aimé même de ses ennemis.
Clisson ne fut longtemps que soldat ; du Guesclin se montra
d'abord capitaine. Enfin du Guesclin était le *père des soldats*,
c'est le nom que lui donnait l'armée, tandis que les Anglais ne
désignaient Clisson que sous le nom de *boucher*.

On comparerait avec plus de justesse Turenne et du Guesclin. On les voit égaux en bravoure, en modestie, en générosité.
Si Turenne fut plus habile capitaine, c'est qu'il vécut dans un
siècle plus éclairé, mais du Guesclin trouva l'art de la guerre
dans son enfance, et dut tout à son génie.

Le soldat aimait également ces deux grands capitaines, et les
saluait du nom de père. Illustres par les mêmes vertus, quand

leur armée éprouva des besoins, du Guesclin vendit ses terres et Turenne sa vaisselle d'argent. L'un et l'autre furent et sont encore les modèles des guerriers ; l'un et l'autre, par des services éclatants, ont mérité l'honneur de partager la sépulture des rois.

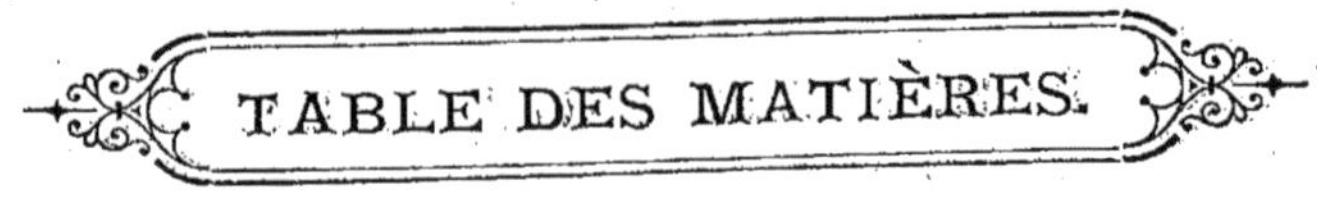

TABLE DES MATIÈRES.

Préface 7

CHAPITRE PREMIER.

L'enfance et la jeunesse de sire Bertrand 15

CHAPITRE DEUXIÈME.

Du Guesclin, chef de partisans 25

CHAPITRE TROISIÈME.

Du Guesclin est fait chevalier. — Sièges mémorables . . . 39

CHAPITRE QUATRIÈME.

Du Guesclin et le roi de Navarre. — Victoire de Cocherel. — Fin de la guerre de la succession de Bretagne. 85

CHAPITRE CINQUIÈME.

Du Guesclin et les grandes compagnies. — Commencement de la guerre de Castille 124

CHAPITRE SIXIÈME.

Suite de la guerre de Castille. — Du Guesclin et le prince Noir. 145

CHAPITRE SEPTIÈME.

Du Guesclin, Connétable de France. 177

CHAPITRE HUITIÈME.

La glorieuse mort de sire Bertrand 223

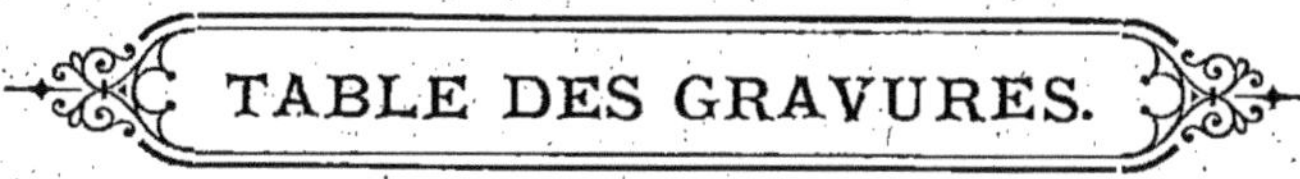

TABLE DES GRAVURES.

Du Guesclin, d'après les *Monuments de la Monarchie française* 4

Tombeau de du Guesclin, érigé dans l'église de Saint-Laurent au Puy par le maréchal de Sancerre ; il renferme les entrailles du connétable (XVᵉ siècle) . . . 5

Philippe VI, d'après un portrait authentique de la Collection des rois de France jusqu'au règne de Louis XIV 28

Le Vieux Louvre en 1670, gravure de l'époque 29

Olivier de Clisson, d'après un tableau de la galerie du Cardinal de Richelieu, au Palais-Royal 33

Dinan. 57

Le Mont Saint-Michel, d'après une ancienne gravure 65

Bataille de Poitiers, d'après un *Manuscrit des Chroniques de Froissart* . 77

Mantes, d'après une ancienne gravure 92

Jean Iᵉʳ, dit le Bon, d'après une ancienne gravure. 93

Couronnement du roi Charles V et de la reine, d'après un *Manuscrit des Chroniques de Froissart* 105

Bataille d'Auray, fac-simile d'une gravure sur bois des Chroniques de Bretagne, par Alain Bouchard 113

Charles V, dit le Sage. 121

Avignon. — Le Palais des Papes 133

Cathédrale de Burgos 141

Urbain V, d'après une estampe de la *Vie des Pontifes*, gravée par J.-B. de Cavallieri, XVIIᵉ siècle 165

Vue de Tolède 169

Sceau d'Édouard III 184

La Rochelle 197

Le camp de du Guesclin devant Chisey, d'après le *Manuscrit* de Froissart. . 205

Saint-Malo 221

Lourdes. — Le Château. 225

Louis de Sancerre, maréchal de France, relief en marbre blanc de son tombeau à Saint-Denis 229

www.ingramcontent.com/pod-product-compliance
Ingram Content Group UK Ltd.
Pitfield, Milton Keynes, MK11 3LW, UK
UKHW021859070726
13613UKWH00001B/228